请求权基础

【当代德国法学名著】

当代德国法学名著
Rëprasentative Deutsche Rechtsliteratur der Gegenwart

请求权基础

Grundwissen zum Burgerlichen Recht: Ein Basisbuch zu den Anspruchsgrundlagen

[德] 迪特尔·梅迪库斯/著
Dieter Medicus

陈卫佐　田士永　王洪亮　张双根/译

法律出版社

著作权合同登记号
图字：01－2010－1404

本书翻译得到德意志学术交流中心
和德国科学基金协会的支持

Die Übersetzung erfolgte mit
Unterstützung des DAAD und
des Stifterverbandes der Deutschen Wissenschaft

当代德国法学名著总序

当代德国法学名著译事之缘起，在乎“取法人际，天道归一”之理念。

天地渺渺，众生芸芸；然天地何以长存不灭，众生何以繁衍不息？此中必有亘古于今之一般法则。天地者，自然之谓；众生者，乃自然所赋生灵之长，人也。而人所以居万物之首而为生灵之长，概因其不仅是生于自然，而且还能领悟于自然，进而以理性和智慧的劳动创造受益于自然。由此而论，天地间至真至善至美，莫过于人与自然之和谐融合。正如庄子所说：“知天之所为，知人之所为者，至也。”而中国哲人所言“天人合一”，实际表明着人类的最高智慧和境界。但是，最高的智慧未必是功利的智慧，最高的境界往往不是现实的境界，此乃人类虽为万物灵长，但又归于万物的本性使然。尽管不无缺憾，但却理所当然。纵观古往今来，可知人类始终是在理想与现实、理性与物性的矛盾状态中存在发展。不过，人出于其自然本性但又以其理性确认的社会秩序，又使之在这种永远不会解消的矛盾状态中生存发展成为可能。

自古以来，食色之性、交往之需、名利之求、功德之义，无论国人洋人、权贵庶民，众生莫不有之；惟每人认取之价值，或此或彼因人因地因时而异。但基于人之本性所产生的社会，无论东方西方，必然有其共性。于是有老子的古训：“人法地，地法天，天法道，道法自然。”而希腊的斯多葛哲人也说：“按照自然而生活。”由此可知，同属自然之人类，本有其共同的理念与法则。以法律而言，中国、西方法律虽文化传统各异，然毕竟都是人类社会的法律，必然有其共同的人性内涵。所以,考察法律,应着眼超越地域、国度和民族,甚至超越时空的人际层面,努力发现本来属于整个人类的理念和规范,并在此基础上寻求并促进人与人、民族与民族、国家与国家之间越来越普遍深入的交往。吾人之规可为他人所取,他人之法可为吾人所用,概其皆出乎人之本性。所以"取法人际,天道归一",当为人类社会法律进步之最高思想境界。以迄今历史度之,人类生存发展的必然趋势是越来越普遍深入地相互结合和依赖,经济的全球化和文化的世界化正在相辅相成地迅速演进。在人类发展进程中,产生于人类本性的共性愈多愈充分地为人所认识,则人与人之间、国家与国家之间的交往就愈可能有效和平地进行。作为人类社会的行为规范,任何国家的法律都是人与人之间实现交往、确定关系及秩序的最重要途径。就此而论,可断言未来人类的发展与和平,很大程度上将取决于全人类在法律法则上的沟通与趋同。

本着取法人际或取法自然的理念,当代德国法学名著译事拟系统全面地翻译当代德国法学具有代表性的学术成果。因为德国法不仅为可取之一方法律,而且还与当代中国法制有着特殊的关联。事实上,当代中国内地与台湾地区的法制是基于清末民初之际的法律改制发展而来。当时采纳了欧洲大陆法系法制模式,而其中又以汲取德国法律,特别是民法、刑法居多。不仅如此,20 世纪以来中国法制和法学的发展还颇受德国法制和法学的影响,现今中国法制和法学的不少思路实际都与后者有关联。因而,中国法制建设和法学进步自然更容易从德国法制与法学中获得启发。此外,由于近代德国历史法学派和学说汇纂学派对罗马法和罗马普通法的系统研究与整理,近现代德国法学形成并获得了其本身独有的特色,其丰富成熟的法律理论与教条,恰恰是目前乃至 21 世纪我国法学与法制建设所迫切需要的。

当代德国法学名著的选题范围包括法哲学和法的基本理论、

国家法、法律史、民法和商法、经济法、刑法、国际私法等内容。选题标准是：德国乃至欧洲法律界已经普遍公认为经典的名著，或在德国普遍使用的有代表性的教科书。与此同时，亦根据我国的实际需要翻译介绍一些有关法律文化背景方面的工具书和著名法学家的传记。初步选题首先由德国学者提出，然后由编委会综合各方面意见，最后根据我国实际需要确定翻译选题。为保证翻译质量，翻译工作严格采取译、校和三审程序。每部译著由一责任编委审阅或校对。译稿一审通过后，编委会和编辑部就一审提出的问题召开由德国教授和有关译者参加的翻译工作会议；在此基础上，译者还专程前往德国与作者或有关学者探讨翻译的疑难和细节问题。在此方面，德意志学术交流中心（DAAD）提供了有力的支持。在赴德改稿基础上提出的第二稿通过二审后，由译者进一步修改、润色定稿，复经审阅后交付出版社。

系统翻译德国法学名著的想法由来已久，但正式酝酿于1997年秋，经过近一年的准备筹划，于1998年秋开始实施，拟于2005年完成全部选定书目的翻译。应该说，德意志学术交流中心的霍恩贝格尔先生（U. Hornberger）和法律出版社社长贾京平先生对促成此项翻译计划起了重要作用，黄闽总编亦助之鼎力。而此项翻译计划能够顺利实施，亦诚有赖编委会和编辑部各位同仁的共同志趣和辛勤工作。六位德国著名学者：考夫曼（A. Kaufmann）、克茨（H. Kötz）、克努特尔（R. Knütel）、何意志（R. Heuser）、孟文理（U. Manthe）和胜雅律（H. von Senger）教授在计划拟定、选题推荐和具体翻译工作中均给了我们以宝贵帮助。德国大使馆柯灵博士（T. Klinner）、李雅思先生（M. Licharz）和毕满天先生（M. Biermann）以多种方式推动此项翻译计划。德意志学术交流中心驻京办事处主任史翰功（H. Schmidt）博士、施密特—多尔（T. Schmidt-Dörr）博士和该中心波恩总部的比尔克（Klaus Birk）博士亦对此计划给予了热情和有力的支持。德国跨国基金会(Inter Nationes)对部分书目的出版提供了支持。特别要提及的是,江平、谢怀栻、潘汉典等法学界前辈对于此项工作始终给予着关注和支持,中国政法大学有关部门亦对我们的工作提供了帮助。法律出版社张波、卞学琪先生对出版工作兢兢业业、认真负责;朱宁女士和她的同事也一丝不苟、精益求精。在此,谨对上述所有法律界同仁和有关机构表示由衷的谢意。我之所愿,所有参与此项计划和给予该计划关注和支持的人,都能从此处呈献的工作成果中得到虽非物质的,但却真实诚恳并有长久价值的酬劳。因为,倘若这些成果能够在21世纪和中华崛起之际被赋予些微历史和现实意义的话,那么它将胜于所有致谢和嘉言。

米　健

2005年秋于京城蓟门

第六版序言

本次修订使本书内容在时间上更新至2004年6月。与前版相比,本次修订着重体现于两个方面:第一,前版为便于对照,对旧债法与旧时效法时有参引;本版对此则多予删除,盖旧法规定之意义已逐渐淡弱,若仍时时参引旧法,显不合本书简明扼要之旨。第二,2002年7月19日《关于损害赔偿法修改之第二次立法》,已于2002年8月1日生效,本次修订将该法纳入本书,尤其就契约法与侵权法之竞合问题,做重点修订。此外,本版对本书诸多细节内容,进行了修订与补充。

迪特尔·梅迪库斯

2004年6月于图青

第一版序言

一、本书在一定程度上,可视为1993年已至第16版的拙著《民法》的简本。我之所以撰此简本,主要基于两方面的考虑:

首先,拙著《民法》之写作初衷,限于处理民法适用上的难点。比如在其第22章中,我虽讨论了“自无权利人处取得”制度,但就自权利人处取得问题却略过不谈;也就是说,我是假定读者已掌握关于后者的基本知识。类似情形也见于对《德国民法典》第823条第1款的处理:就对其他权利之侵害予以详论(第24章第2节);而就极为常见的对所有权之侵害,仅是顺带提及。但在考试中,大量(而且恰恰是最为愚蠢)地出错,无疑又是出现在这些简单的法律适用问题上。拙著《民法》显然无法容纳对这些简单问题的讨论,否则会远远超过其现有规模。

其次,同样基于拙著《民法》规模方面的考虑。该书自第1版以来,已增加了约三分之二的厚度。究其原因,我为了答复Groβfeld先生的文章(载《法学者报》(JZ)1992年,第22页),在《民法》第16版序言中已做交代:其主要原因在于我个人的体会,亦即越来越多的法律问题逐渐成为司法考试的主要内容;为顺应此趋势,我也就将这些问题点渐次纳入该书。但这样一来,拙著《民法》的条理清晰性以及可读性,不免大打折扣。因此,我希望通过这一简本,以弥补这些缺憾。

二、如何构造请求权基础,我始终认为是合乎理性的法律思维方法;这在本书中,体现得更为显著。本书与《民法》相比,在结构上略有调整,而调整的目的也在于更能清晰地揭示请求权基础之构造思路。这也意味着,本书不仅适合于准备考试,而且更适合于对民法做更深度练习的准备用书。而对临近司法考试前的考生来说,本书甚或可帮助其复习并抓住民法最为重要的知识点。

但是,本书不能也无法替代拙著《民法》。这不仅是因为《民法》就疑难情形的深入讨论,本书竟付阙如;而且本书对判例的参引也极为有限,尤其是文献索引几以拙著《民法》为准。换言之,就某一问题若欲追踪,则只能按此指示寻至《民法》,再于其中查阅更进一步的文献索引。

最后再须特别强调的是:如果有比判例与文献更为重要的,那么这肯定就是法律条文本身。在考试中,考生所能利用者除其知识储备外,也只能是法条。复习准备考试,最为重要的就是时刻不离法条;而且《德国民法典》是如此之优秀,也值得时时翻阅。正是基于这一考虑,为方便对法典的学习,我总是不厌其烦地直接引用法条内容;即使在看似多余时,也不避其嫌。但引用法条,仅仅只是提供些许方便;因此读者必须进一步查阅法典本身,否则永远难窥民法学习之门径。

迪特尔·梅迪库斯

1994 年 3 月初于图青

目　　录

导论　体系问题

第一节　民法习题

法学教育应该为从事法律职业做准备。因此,在教育中所解答的习题多半以职业训练者为导向。 1

一、法律职业活动

法律职业活动是非常多姿多彩的,我们这门专业的特殊魅力恰恰在于此。但就民法来看,却可举出以下**四个重点**。

(一)争议的裁判

大体上,民事法官必须裁判**双方当事人之间关于一项由原告在诉讼中提出的"请求权"**(《民事诉讼法》第 253 条第 2 款第 2 项)的争议(在登记簿登记等"非讼事件管辖",情况有所不同)。例如,一个描述请求权的诉讼请求是:判决被告因特定生活事件而支付 100 欧元(或判决他返还特定的汽车)。法官只能就这一请求作出裁判;当然,在可分的情况下,也可以用不同的方式。例如,如果法官查明所请求的价款因物的瑕疵而从 100 欧元减去 20%,则将判决被告仅支付 80 欧元,并以 20 欧元为数额偏离诉讼请求。反之,对于诉状所未请求的,法官并不能添加或剥夺什么(《民事诉讼法》第 308 条)。举例来说,如果原告未至少以附带方式一并请求损害赔偿或价额补偿,则法官不能在判决返还汽车以外判决损害赔偿或价额补偿。

依照《民事诉讼法》第 139 条,虽然法官可以且应该尽力让**“有助于澄清事实的请求”**被提出,但这里的“有助于澄清事实”并不马上意味着“有根据”,而是仅仅意味着双方当事人之间争议的裁判倾向:法官必须避免的是,过度地帮助一方当事人,会显得对另一方当事人怀有偏见,且会因公正性的缘故被要求回避(《民事诉讼法》第 42 条以下)。

2 在法学教育中,与这一法官职业活动相应的是带有以下问题的习题,它被如此限定,以致可能构成一项诉讼请求:例如,问题是关于买卖合同成立与否的争议的描述,A 是否可以向 B 请求 100 欧元价款?或者所描述的是 A 和 B 就支付义务有争议,并接着问道:“谁有理?”在这里,可以把此种习题称为**“法官习题”**(或更特别地称为**“法官试题”**)。至于诉讼是否已提起,则无关紧要。

但是,答题者不应以“真正的”法官在其裁判中所使用的判决书格式,而应以**专家意见书格式**解答此种习题。因此,不应采取**结果在一开始**就出现、接下来只是说明理由的做法(如:A 必须向 B 支付 100 欧元。因为双方缔结了有效的买卖合同……)。相反,习题的问题应一步一步地回答;于是乎,结果出现**在末尾**(如:B 的请求权有可能基于有效的买卖合同而发生。首先必须查明这样一个合同是否已成立。要约存在于 B 的表示中……直到最后才出现结果:“所以,B 可以向 A 请求 100 欧元”)。

(二)争议的准备

3 一个自己不懂法律的当事人在向法院提出特定请求之前,经常会**寻求法律咨询**,否则就有请求其依实体法所不享有的权利之虞。如果他这样无根据地起诉,则将因《民事诉讼法》第 91 条而败诉,且有费用上的不利后果。然而,即使他不在起诉前受法律咨询,他也可能败诉:所声称的请求权的相对人可以提起诉讼,确认被告不享有该相对人所声称的请求权(所谓“消极的确认之诉”,参见《民事诉讼法》第256条)。

因此,在需要法律咨询的情况下,通常尚未涉及特定的请求。相反,问题提得不那么具体:从某一案件事实是否可以推导出请求权以及哪些请求权?这一案件事实必须朝着任何可能的方向予以叙述。此时,也可以得出这样的结果,即:请求权必须通过形成权的行使才得以通过确立(如因撤销买卖合同而发生的价款偿还请求权)。反过来,此种请求权也可以起到防止行使请求权的作用,如撤销可以起到防止行使所诉求的买卖价款请求权的作用。

所有这些叙述都是**在法官职业活动之前**的。因为法律咨询通常是律师的义务,所以此种准备诉讼程序(或避免诉讼程序)的习题被称为**“律师习题”或“律师试题”**。它们通过诸如“A可以向B请求什么”或“应向A提出什么建议”等问题表现出来。最后,虽然这里也与特定的请求是否有根据有关,但是这些请求,与法官习题的情形有所不同的是,它不是现成的,而是必须加以发现的。在此情况下,亦可考虑多人作为请求权的相对人。 4

例如:10岁的K因玩火柴致使E的谷仓失火。于是,可以考虑以下损害赔偿请求权:对K的损害赔偿请求权(《民法典》第823条第1款,但请注意第828条)、对其父母的损害赔偿请求权(《民法典》第832条第1款)、对其他监督人的损害赔偿请求权(《民法典》第832条第2款)、(很可能也可以考虑)对火柴出卖人的损害赔偿请求权(《民法典》第823条第1款)。

布劳恩(J. Braun)(在其所著《民法案例》(Der Zivilrechtsfall)2000年版第8页、第9页)建议:“如果从案例的问题看不出该案例是**法官案例抑或是律师案例**,则必须既从法官的角度也从律师的角度考虑该案例。”但解答者应十分清楚地知道:他除了法官的角度以外,还必须使用律师的视角。例如,在所请求的价款之外也考虑利息,即属之(如果当事人未请求支付利息,则法官不得额外判决支付利息)。

这一主张可谨慎地予以赞成。当然,在我迄今遇到的案例里,带有布劳恩所假设的不明晰性的问题的案例为数并不多。

(三)争议的避免及其他权利形成方式

5 法律争执常常留下伤痕;它还经常旷日持久,且不可避免地引起费用。所以,最好是完全避免之。如及时请教法律人,则他们可助一臂之力。尤其重要的是如此拟定法律行为,使之不仅仅考虑到当事人利益和强行法;还应明晰地表述之,且清楚地考虑可能的复杂情形,使日后不致发生争议。在法的实际中,这首先是**公证人**的任务,但也是**提供法律咨询意见的律师**和在经济领域任职的法律人(**企业律师**)的任务。以这种方式形成的法律行为,其尤可考虑者是合同和遗嘱,但亦可是作为日后合同的预备阶段的一般交易条款。

6 到目前为止,此类**形成性习题**在练习和考试中只是零星地碰到。第一次国家考试的某道试题曾说明一位企业主的家庭状况和财产;考生被要求起草一份该企业主的遗嘱。在这里,至多能在第二个层面上处理请求权问题(如考虑被排除在继承之外的近亲属的特留份请求权,《民法典》第 2303 条及以下)。相反,重点在于**经济上的考量**:如何阻止企业被不经济地分割或被以很高的一次性补偿请求权加重负担?被继承人如何可靠地安排企业的进一步领导事宜?

一个十分重要的着眼点多半是此种行为的**税务后果**。仅仅因为税法至今在大学学业中受忽视这一点,即已使得形成性习题只能很少被有意义地提出来。参见梅迪库斯:《民法总论》,边码 460 及以下。

（四）问题的描述

反之，最后一个习题类型是不能归入特定的法律人职业的（或许可归入大学教师的职业）：这就是所谓**“主题或论文试题”**（此类习题或许不会是家庭作业；在讨论课宣读的短文也与之最相近）。这些试题现今已不再（像早先那样）涉及非法律的题目（诸如“奥林匹克运动会的历史”）；那些是所谓“童话试题”。相反，在新时期里所涉及的是法律上的基本问题，如契约自由、法律行为的形式、保障交易安全的义务、消费者保护［如默勒斯（Möllers）的文章，载《法学教育》1999 年，第 1191 页及以下］或者产品制造者责任。在此情况下，所预期的叙述的方向多半还因特别问题而明确化。 7

答题时，必须以这些问题为出发点。通常应按照提问的顺序答题。在这方面，事情大大地关乎现有知识。然而，在此也应尽一切可能借助于法律，如在法律行为的形式问题上，借助于《民法典》第 125 条及以下和最重要的有关形式的规定（如《民法典》第 311b 条第 1 款、第 518 条、第 766 条、第 2232 条、第 2247 条以及第 492 条及以下）。因此，在解答此类习题时，先看一眼法律汇编的内容索引是有益的。

二、法律适用与案件事实

（一）实践与教育

在实践中，首先是在法官的实践中，所涉及的大多是有争议的案件事实。例如，一起交通事故的当事人就事故发生经过有着大相径庭的说法（在就事情的经过说法一致的情况下，事情通常不经诉诸法院就由相关保险人了结了）。这里，有必要在裁判前弄清楚：事情到底是如何发生的？只要无法弄清这一点，就涉及表面证据和举证责任。这项“关于案件事实的工作”在实践中常常相当辛苦；并非罕见的是：决定性的案件事实确定下来了，法律争执也就差不多被裁判了。 8

例子：针对偿还金钱消费借贷的诉讼请求，被告自我辩护说“从未得到过金钱消费借贷，或业已偿还”。如果在这里弄清楚案件事实，也就不存在什么法律问题了。

但是，案件事实的查明和法律适用经常根本**不能严格分开**，因为所需查明的仅仅是那些与法律适用有关的事实。所以在查明案件事实的时候，必须不断地想到所需适用的法律规范。有人形象地称之为“目光来回穿梭”（于案件事实和法律规范之间）。

如此看来，当事人血液中的酒精含量可能对于交通事故的裁判是重要的，而在血统诉讼中则不然。反之，在血统诉讼中可能涉及对交通事故来说无关紧要的眼睛眼色。

在大学学习（包括第一次国家考试）中，并**不要求查明案件事实**：习题所给出的案件事实大多是毫无争议的；它必须不加任何更改地充当基础。较为罕见的是明确地说某一情况无法弄清楚（如给付变得不可能的原因）；这样一来，必须依证明规则裁判［《民法典》第 280 条第 1 款第 2 句关于不可归责性的表述，称债务人（即被告）的主张责任和举证责任为例外，参见下文，边码 169］。

（二）案件事实的领会

9 然而，无论如何都很有必要的是，做题者正确、完整地领会习题的案件事实。

在这方面可以区分**两个极端的习题类型**。

在第一个类型的情况下，习题**极其简短**：所叙述的只是在法律上重要的情形。

例子：V 有两个儿子，分别是 S 和 T。S 对 V 有一项金钱请求权；T 为该金钱请求权有效地作了保证。V 死了，并依照法律为 S 和 T 所继承。问：S 可以向 T 请求什么？

此种显然怀有简洁目的而出的习题尽管有某些苍白的效果；但另一方面，在做这种习题时，可以相当肯定地推定：每一句话都是重要的。就这一点而言，所用的措辞在这里提示了所需适用的法律规范。

在第二个按数量来说占压倒性多数的习题类型的情况下，较为**详细地叙述**了生活中的事件（在考试试题中大概最多到达两张打印页）。对答案并无重要性的情况也常被告知。例如，说明在被出卖的土地上建造房屋，或者买受人被称为"政府专员"。如果事情只与《民法典》第311b条第1款所规定的形式有关，则二者均不重要。反之，如果问题是什么东西被一并出卖（《民法典》第311c条、第97条及下一条）和一并转让所有权（《民法典》第926条、第932条及以下），则在土地上建筑房屋就是重要的了。 10

在做这一类型的习题时，必须将重要的和非重要的区分开来。为此，上边（上文边码8）所提到的"目光来回穿梭"是必不可少的：一方面，所需适用的法律规范表明哪些情形是重要的；但另一方面，这些情形也决定可适用的规范。所以在刚才所举的例子中，根据《民法典》第311c条可推断出：案件事实的审查，必须看某物是否是土地的从物；反过来，关于在土地上建筑房屋的叙述，几近于审查《民法典》第311c条、第97条及下一条是否可予适用。

但无论如何，在这两个习题类型的情况下都必须**认真仔细地研究案件事实**；十分常见的错误是忽视个别的情形或对之不予以足够的考虑。在一次考题的案件事实中，S"以超高速"驾驶汽车。不少考生在《民法典》第823条第1款的情况下未做出必要的推断，即S（至少）是有过失地行事的。 11

就案件事实的这一领会而言，有**两种辅助手段**：

在（常见的）有多于两个当事人的案件里，应**简单勾勒出**存在于他们之间的**法律关系**并在旁边表明可予考虑的请求权。这不仅简化了概貌，而且准备了分段，还有助于忘掉不重要的东西。

例如，从出卖人V处购买某物可能有瑕疵，附有一张生产者H许诺修补的保证卡；所提出的问题是买受人K的请求权。于是，示意图首先是这个样子的：

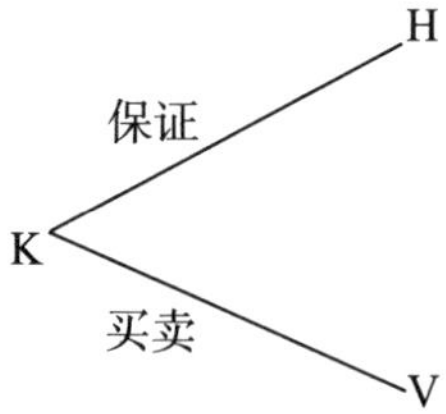

进一步思考时,这一暂时的示意图将被加以可能**显著的法律上的着眼点**。这样一来,在H对K的保证中,应当想到:债法上的请求权通常(例外:悬赏广告,《民法典》第657条)不能通过单方面的许诺成立,而只能通过双方行为即合同(《民法典》第311条第1款)成立。在保证卡中包含的H的要约,还必须为K所承诺(依照《民法典》第151条,还是通过主张修补请求权才默示地被承诺?)。如同对于K对V的担保请求权那样,保修卡的精确内容可以是有意义的。例如,如果H想使其担保取决于出卖人V未依照《民法典》第437条及以下的规定而被请求,这不会因《民法典》第309条第8项字母b而受挫败,因为这一规定仅涉及出卖人的一般交易条款中的担保条款。在消费者买受动产(《民法典》第474条)的情况下,亦不与《民法典》第475条相抵触。

如果习题包含时间上的说明(如"K在7个月以后发现物的瑕疵"),则要考虑消灭时效。这在V和K之间完全由《民法典》第438条决定。相反地,就K和H之间的关系(制造者担保)而言,则缺少一项不同于《民法典》第195条、第199条的规定。但或许可以通过解释担保的表示(但请注意《民法典》第305c条第2款!)得出时间上的限定。

这样一来,补充后的示意图大概可呈现的样子如下:

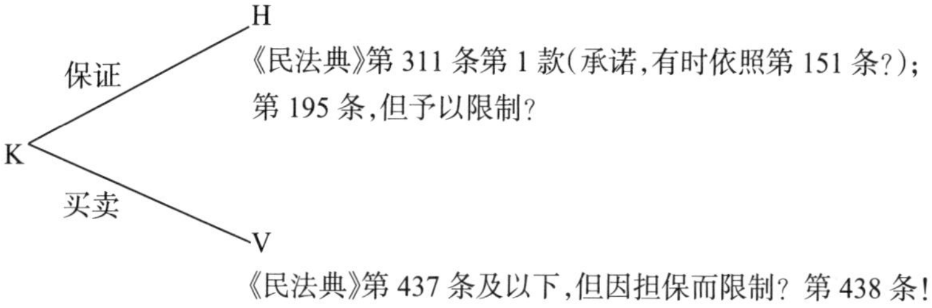

有时间上的说明的习题还常常特别地要求使用另一个辅助手 12
段,即所有事件**按时间先后顺序的排列**。该排列或多或少被认为在法律上是重要的。这一时间上的说明可以是具体日期的提及,也可以只是特定事件的时间顺序的说明。这在**不动产法**上尤其常见:这里,时间顺序可以对顺位有意义(《民法典》第 879 条),但也可以对诸如预告登记的效力(《民法典》第 883 条)和异议(《民法典》第 899 条)有意义。在诸如**债权让与法**中,时间顺序也可以是重要的:如果债权人先后向 A 和 B 让与其债权,那么他这样做相对于 A 是权利人,相对于 B 是无权利人。但是,(本身不生效力的)第二次债权让与在此可以依照《民法典》第 408 条第 1 款、第 407 条对诚实债务人发生效力。例如,如果仅仅向诚实债务人通知,谓债权已让与 B,则诚实债务人可以有效地向 B 履行给付。

三、多个问题

一道习题经常包含多个问题。它们可能与同一案件事实的**不** 13
同法律关系有关。例如,在一起交通事故中,首先被问的是受害人是否可以向加害机动车的持有人请求损害赔偿(《道路交通法》第 7 条);接着被问的是该持有人对有过错的引起事故的司机的追偿请求权(合同? 另外,《民法典》第 426 条的两款?)。但是,附加问题也可能与**原先的案件事实的变化**相关联:在交通事故的情况下,还可能问,如果首先受害的人因其伤害而死亡,则发生什么法律效果。就多个问题的这两个类型而言,适用以下**两条规则**:

14 答题者必须尽速想清楚,**如何分配多个问题的难度**。虽然在后的问题很可能仅仅是开头的问题的补充,而这些在后的问题只需花费较少时间即可了结,但相反的情况却并不少见:起初的问题可能想小心地引向真正的困难,而这些困难在后来的问题中才显现出来。在做此类习题时,人们不断地发现有大量的答题者投入到开始的、容易的问题中;而后来在做难答的问题时,时间已不够了。因此,应尽快按照所预期的难度来分配总共供支配的时间。

即使习题并不明确要求,答题者也应**遵守所给出问题的顺序**。因为出题目的人在选择顺序时通常是有所考虑的;特别是在先的问题经常会涉及对于后边的问题来说已被说过的问题。例如,在上文边码 13 的情况下,只有在确定了持有人是否以及因什么缘故向受害人负责任时,机动车持有人对司机的追偿才会得到合理的处理。由于以为第二个问题容易而从第二个问题做起的人,至少有陷于可怕的混乱的风险,甚至很可能犯实质性错误。

第二节　请求权体系

15 在民法习题中通常所据以提问的东西几乎全部可以表现为请求权目标,如报酬的支付或价额的补偿、物的返还或债权让与、损害赔偿或扶养费的给付甚至竞争上的不作为(见《民法典》第 241 条第 1 款第 2 句)。对于此种问题的解答,如同它们在多数法官习题或律师习题所被提出来的那样(见上文边码 1 及以下),请求权基础的体系(请求权体系)得到了贯彻。

一、请求权体系的目标

民法案例的解答必须满足三项要求:

首先,它必须是**完整**的:它全部地阐述了对于解决所提问题可能有意义的所有的点。

其次,它必须是**经济**的:它不能阐述对于解决这些问题可能毫无意义(而对于解决其他未被提出的问题可能有意义)的东西。不然的话,解答者将失去他为了解决本质问题所需时间;他还面临在非本质事情上犯不必要的错误的风险;另外,他还面临关于他“对本质问题视而不见”的指责。

最后,解答必须能够使人看出**尽可能清晰和简单的思路**来。这一简单性保证解答者不在思路上犯错误,也令改卷者更容易一目了然。

请求权体系正是要满足这三项要求。至于如何做到这一点,则在下文简述之。

二、请求权规范、辅助性规范、反对性规范

如果请求权体系使人看出所要阐述的点,并与不拟阐述的点划清界线,则刚才所说的要求的头两项即可得到满足。 16

(一)请求权的成立

出发点必须是其法律效果恰是所想要的请求权目标的那些规范。举例来说,如果所请求的是“物的返还”,则要考虑作为此种规范的《民法典》第 985 条。对于这一物的返还请求权来说,请求人必须拥有所有权,而其相对人必须是占有人。二者均须予以审查。这样一来,就第 985 条而言,关于所有权的取得和丧失的规范(如《民法典》第 873 条、第 925 条、第 929 条及以下)以及关于占有的规范(《民法典》第 854 条及以下)是辅助性规范:它们满足了请求权规范的构成要件特征“所有权”和“占有”,并因此而在适用请求权规范时“起辅助作用”。对于第 985 条的审查来说,这些辅助性规范确定什么是所需阐述的:请求人是否曾失去所有权?他是否又失去了所有权?而被请求人是否曾取得占有且后来又再度失去占有?参看下文边码 243。

在此种第一级的辅助性规范的范围内,可以考虑其他的(第二级的、第三级的)辅助性规范。《民法典》第 929 条第 1 句中的“达成……合意”(Einigsein)意味着法律行为上的合意。这也与关于法律行为的规定(第104条及以下)尤其是关于合同的规定(第145条及以下)有关。但除此以外,需考虑的尚有关于条件的规定(第158条及以下,如第449条所规定的所有权保留)以及关于代理的规定(第164条及以下)。因此,关于请求权的主要规范(第985条)与其辅助性规范一道描述了审查的主要步骤。

然而在多数情况下,从事实情况方面来说,许多可考虑的辅助性规范**一开始就被排除了**:在不存在当事人未达成年年龄或错误的线索的地方,无适用《民法典》第104条及以下、第119条及以下的余地。这些规定根本无须提及(也不应提及;如提及则又意味着“对本质问题视而不见”!):法律适用正是通过“来回穿梭的目光”(见上文边码8)并因此而由事实情况决定的。

(二)反对性规范

17 即便请求权规范的全部要件都满足了,结果仍然是不确定的。还要考虑的是反对性规范(抗辩性规范):这些规定阻碍请求权规范的有效性。对此,在《民法典》第985条的情况下,首先需考虑的是第986条:相对于所有人发生效力的占有人对占有的权利排除了物的返还请求权。此种反对性规范也大多进一步引出辅助性规范:在第986条的情况下,如关于对任何人均发生效力的(法律行为上的或法定的)动产质权的第1204条及以下、第562条、第647条。如果占有恰恰对所有人发生效力,还可以考虑关于订立使占有人享有占有权的债权合同(使用租赁合同、用益租赁合同等)的规定。

但此种反对性规范也仅在事实情况提供了可适用它们的线索时,始须提及之。例如,如果所有人向盗贼请求返还被盗之物,则通常无适用此种反对性规范的线索。

三、审查多项请求权的顺序

(一)概述

18 还必须考虑上文边码15所提到的第三项要求:在不妨碍完整

性的情况下，思路应尽可能清晰和简单。被纳入考虑范围的多项请求权规范必须按一定顺序予以阐述。如同我在拙著《民法》边码 8 及以下所详细说明的理由那样，该顺序在本质上以**关于请求权竞合的实体法规则**为基础：一项请求权越是**特别**，就必须越早审查。此种特别性乃基于以下情况而发生：该规范自己或以之为基础的法律制度可能影响其他请求权规范。通过及早审查顺位在先的规范，将避免在顺位在后的规范的范围内这一审查不得不提前进行，或避免在此范围内使体系发生连锁现象。

双方当事人据以按照其意思调整其法律关系的**合同**就比法定的、以不存在合同为前提的(《民法典》第 677 条)无因管理法律关系更为特别。所以先审查是否存在合同是有意义的，只有在这一问题被否定时才考虑无因管理。同样，合同可以成立占有权，从而经由第 986 条使第 985 条出局(见上文边码 17)。类似地，相对于基于侵权行为而发生的请求权(第 823 条及以下)和基于不当得利而发生的请求权(第 812 条及以下)，合同更为特别。对于其他请求权规范，也存在由特别到一般的相应顺序，参看梅迪库斯：《民法》，边码 8 及以下。

(二)详情

特别地，适用以下顺序： 19

(1)基于合同而发生的请求权(参看下文边码 45 及以下)；

(2)基于缔约上过错而发生的请求权(参看下文边码 214 及以下)；

(3)基于无因管理而发生的请求权(参看下文边码 226 及以下)；

(4)物权法上的请求权连同其非物权法上的效果请求权(参看下文边码 237 及以下)；

(5)基于侵权行为及严格责任而发生的请求权(参看下文边码 322 及以下)；

(6)基于不当得利而发生的请求权(参看下文边码 353 及以下)。

如果考虑基于这里所未提及的亲属法或继承法上的特别联系而发生的请求权(如基于婚姻或血亲关系而发生的扶养请求权、基于特留份而发生的请求权),则这些请求权位于缔约上过错的后面(即处于 2a 的位置)。基于单方法律行为(悬赏广告、遗赠)的请求权则必须在合同请求权之后予以审查。但在此种情况下,大部分其他请求权基础横竖被排除在外。

这里还要注意:从以上所列项目中只须考虑有决定性的事实情况提供了线索的那些部分。举例来说,如果一个行人被机动车撞倒并受伤,则通常只考虑上面第 5 项所列请求权(包括严格责任)。例如,(像实际上所发生的那样)因被机动车所伤害的人声称其对衣服的占有受妨害而讨论第 862 条是错误的:仅在机动车与衣服有关时,才存在这一妨害;根据全部生活经验,一旦提出赔偿请求,就确定地不再与衣服有关。

如果旅客在公共汽车事故中受伤或有过错的驾驶人在"债务承认书"上签字,则不应只限于考虑基于侵权行为而发生的请求权;那样的话,还须(优先地)审查基于运送合同或"债务承认书"(第 780 条?通常答案是否定的,参看梅迪库斯:《民法》,边码 43)而发生的请求权!

四、多个请求权目标

20 在不加限制的情况下,上文边码 19 所称顺序只适合于具有同一目标的请求权,如损害赔偿请求权或返还请求权即是。法官习题大多与此种统一目标有关(上文边码 2)。反之,在律师习题的情况下("A 可以向 B 请求什么",上文边码 4),可以考虑多个请求权目标。这些一个以上目标有时可以**并列地(叠合地)**追求,如第一层面上负担的消费借贷偿还请求权与附带的迟延利息请求权。在其他情况下,存在**任择性**关系:只能要么存在一项请求权

（如物的返还请求权），要么存在另一项请求权（如物的价额补偿请求权）。

在此种（叠合或任择的）多个请求权目标的情况下，在上文边码16的请求权基础的区别得以适用之前，必须**首先区分这些目标**。例如，必须首先审查物的返还请求权的一切想得到的基础。仅在另一阶段里才可以讨论损害赔偿请求权的基础。在请求权目标的任择性的情况下，如果请求人只能辅助性地追求另一个目标且可达到第一个目标，这进一步的审查当然被略去或限制。因此，如果物的返还请求权被证明成立，则只是辅助性地主张的价额补偿请求权就不再予以审查。

五、多个被请求人

在律师习题中，也可以考虑多个被请求人（如果多人被起诉，21
法官习题亦复如此）；于是必须查明：可以向何人请求什么（参看上文边码13：在交通事故中受伤的人对机动车持有人和驾驶人的请求权）。在此情况下，必须在区分请求权目标之前（上文边码20）就区分被请求人。例如，必须首先审查对持有人的请求权，然后再审查对驾驶人的请求权。通常合于目的的划分顺序乃是：

（1）区分被请求人；

（2）区分请求权目标；

（3）区分请求权基础（请求权规范）。

六、多个请求人

在法律专业的习题中，有时也出现多个请求人的情况。例如，22
所问的问题是，因过错在于他人的交通事故，机动车持有人享有什么请求权（因为其机动车受到了损害），驾驶人又享有什么请求权（因为其身体受到了伤害）。并不罕见的是，多个可能的请求人也隐藏于“**权利状况**如何”这一问题背后。

然而，这一十分一般的问题必须总是根据此前的案情叙述加以具体化：根据这一案情叙述，如果只与一个人的特定请求有关，则存在法官习题(参看上文边码2)。但律师习题(参看上文边码4)也可能隐藏于这一问题,尤其是在根据案情叙述请求权只能对一个人具有重要性的情况下。如果对于多个人来说可考虑请求权,则可断定存在多个请求人。

在这最后一组里,各个请求人自身通常构成了**最高的划分依据**:A和B或许是可能的请求人,而S和T是可能的被请求人。于是以下的划分在多数情况下是合于目的的:

(1)A对S的请求权;

(2)A对T的请求权;

(3)B对S的请求权;

(4)B对T的请求权。

但按照被请求人所做的划分也可能是合适的。例如,首先审查可以由A和B向S提出的全部请求权。此时不再与法律上的正确性有关,而仅仅与合目的性有关。

第三节　重要私法制度概要

23 在本书第二章里讨论的请求权通常起源于一定的法律制度。履行请求权就产生于债权合同,而返还请求权就产生于占有或所有权。所以应先介绍一些基本的私法制度。在此涉及权利主体和权利客体(下文一),涉及他们(它们)之间的联系(法律关系,下文二),最后涉及这些法律关系的变更(下文三)。

一、权利主体与权利客体

(一)自然的基本状态

每一法律秩序均存在两样东西:

其一是法律秩序为之而被创立的**自然人**。一个没有自然人的法律秩序将是毫无意义的,最终只有自然人才适合于充当规范的对象。即以一块土地为例,人们是不能说它应如何行为的。

其二是**物**,因为没有物(地面、食品、住宅、衣服),人类无法生存。

人们称自然人为**权利主体**:他们有权利能力且可以成为享受权利并承担义务者,《民法典》第1条。 24

反之,物叫做**权利客体**:它们是权利的标的,其自身不能成为享受权利并承担义务者。但在地役权(第1018条及以下)的情况下,人们通常分别称两块土地为“需役”地和“供役”地。但第1018条即已表明:享有权利的并不是“需役”地自身,而是其所有人。被加重负担的并不是“供役”地,而是对它享有权利的人,尤其是所有人。因为,他必须容忍一定的他人行为。而假设没有地役权,他本来是可以禁止这些行为的(如在通行权的情况下),或者,他必须不实施自己的行为;而对于这些行为,他在别的情况下本来是有权利实施的(如在禁止设立建筑物的情况下)。

(二)法律上的扩展

权利能力不仅被赋予自然人,而且被赋予某些在构成上十分 25
不同的**集合体**。在《民法典》上,已登记社团(第21条)和财团(第80条)属于此种集合体。在《民法典》之外,更重要的是股份公司(《股份公司法》第1条第1款)、有限责任公司(《有限责任公司法》第13条第1款)和已登记合作社(《合作社法》第17条第1款),此外尚有互惠的保险协会(《私营保险企业监督法》第15条及以下)。然而普通商事合伙(《商法典》第124条第1款)和有限商事合伙(《商法典》第161条第2款、第124条第1款)也有部分权利能力;自由职业者的合伙与之相近(《自由职业者合伙法》第7条第1款援用《商法典》第124条)。即便是某些民事合伙今天也被有些人赋予某种类型的部分权利能力(参看新文本第14条第2款和《联邦普通法院民事裁判集》第146卷第341页,以及梅迪库斯:《民法》,边码794)。

这些实体的权利能力要归功于实在法的规定和解释。因此,当它们完全地具有权利能力时,人们称之为**法人**。它们与作为**自然人**的人相对。但尽管如此,立于法人背后的,通常也是自然人。不仅普通商事合伙、有限商事合伙、自由职业者合伙等“合伙”是这样,股份公司等资合公司也是这样。在行为者当中,至少也包括自然人。即使股份公司作为子公司在整体上属于其他法人(如在康采恩的情况下),自然人也可以参与这些康采恩母公司。

并不是所有的条文都以同等方式适用于自然人和法人。例如,法人不能死亡(故不适用继承法),而且亲属法也不适用。即使两个股份公司合并,也不意味着婚姻或婚外同居,而毋宁说是《股份公司法》第 291 条及以下、第 339 条及以下所规定的企业联合(多就康采恩而言)或企业合并。

26 在**权利客体**的情况下,也发生类似的概念扩张:根据《民法典》,权利客体不仅仅是(有体的)物。《民法典》第 90 条更多地以**标的**这一**上位概念**为出发点。因此,除有体的标的外,还必须存在无体的标的。这指的是**权利**,从《民法典》第 99 条至第 101 条、第 103 条将之与物并列即可看出。

二、法律关系

27 从人和标的这两个要素中,就纯粹的组合言之,可以构成三类关系,即人与人的关系、标的与标的的关系和人与标的的关系。

人与人的关系是指两个人之间的关系,可分为两种不同的方式。

一方面,它表现为亲属法上的**人法**关系。它要么可以因法律行为(《民法典》第 1310 条及以下)而成立为婚姻,要么通常因血统(第 1589 条)而成立为血亲关系(收养除外)。婚姻和血亲关系的组合产生出姻亲关系,(第 1590 条)。此种人法关系首先确定一个人的身份,即如配偶和晚辈直系血亲(如第 1606 条第 1 款、第 2 款;第 1924 条及以下)。但由此种身份也可以产生出财产法请求权,如与婚姻相联系的扶养请求权——在婚姻的同居生活期间的(第1360条至第1360b条)、在分居期间的(第1361条)、在离婚之后的(第1569条及以下),直系血亲的扶养请求权(第1601条及以下),还有关于父母未相互结婚的子女的若干特别规定(如"非婚生子女"这一新词所示,第1615a条)。

反之,**婚外同居关系**在《民法典》上未被看成人法上的二人关系的特殊形式。由此产生出(几乎未被注意的)通过法律行为调整此种同居关系(首先是分手后的法律后果)的需求。自2001年8月1日起,《同性生活伴侣法》调整**同性的同居关系**。

但另一方面,人与人的关系也可以纯粹和至少主要表现为**财产法上的**关系。主要的情形是在《民法典》第241条第1款被"债权人"和"债务人"所定义的**债务关系**。请求权尤其属之(第194条第1款),它在债法上叫做"债权"。 28

《民法典》第398条及以下首先只提及债权让与。"其他权利"的转让虽然依照第413条以同样方式进行,但也只是"在法律不另有规定的限度内"才这样。因此,物权请求权(如基于第985条、第1004条而发生的物权请求权)并不能马上依照第398条及以下加以转让。通说更多地认为与源权利"所有权"相分离是根本不可能的(尽管有第931条令人误解的措辞,参看下文边码257)。

但除了由于请求权和债权外,与财产法关系相近的关系也可以由于加入合同的磋商或合同的准备而发生,《民法典》第311条第2款(参看下文边码214及以下)。也包含此种情形的上位概念以前叫做**特殊关系**。但在《债法现代化法》(SMG)施行以来,《民法典》第311条第2款和第3款(各自在开头)也称之为"以第241条第2款所规定的义务为内容的债务关系"。这一债务关系的特殊性在于,它限于第241条第2款所定义的**顾及义务**。反之,它不包括第241条第1款所规定的**给付义务**。在这里,顾及义务只与另一方既有的法益和利益的保护(即**完整性利益**的保护)有关。例如,另一方的身体未受伤害,或其物未被毁损。与此不同的是,给付义务的目的在于改变法益的状况,如取得物。此处涉及的是**给付利益**。参看下文边码155。

29 **标的与标的的关系**(即两个权利客体之间的关系)当然不作为法律关系出现。没有人的参与,法律关系也毫无意义,因为法律秩序是只针对人的。关于成分(第93条及以下)和从物(第97条、第98条)也不成立物和其他标的之间的(如旅馆土地和作为从物的旅馆床铺之间的)法律关系。毋宁说,在这里只涉及以下情况的更为准确的描述:什么东西是或可以是某项义务或处分的对象(参看第311c条、第926条)。

30 剩下来的是**人与标的**的关系。这里说的是某一标的对人的归属关系。

这一归属关系可以受**物权法**支配,即规定于《民法典》第3编。最突出的是物的所有权的广泛归属关系,《民法典》第903条。但此外还存在为了一个被较狭窄地定义的目标的有限归属关系(**限制物权**)。以使用物为目的的役权或通过利用被设定负担的土地的权利担保债权的抵押权(第1113条)均属之。

例外地,权利而不是物自己可以成为此种有限归属关系的标的,尤其在用益权(《民法典》第1068条及以下)和质权(第1273条及以下)的情况下。几乎最重要的情形是债权上的质权,第1279条及以下。

31 但权利对人的归属关系也可以发生于物权法之外,如在著作权的情况下。《民法典》第2编的出发点是,债权是属于债权人的。债法在第398条及以下也彻底地规定了因债权人变更而变更的归属关系:不管是意定的(通过债权让与,第398条),还是法定的(通过法定的债权转移,第412条)。

然而在债法上,这一归属关系及其变动并不占有突出位置。在这里,主要的重点在于债权的发生、内容及消灭,即在于债权人与债务人的关系。

三、动态事件

权利主体和权利客体的划分可以说涉及的是**静态**:A 和 B 是已婚的;S 是 G 的债务人;E 是某物的所有人。只有通过某些以人的行为为基础的某些事件,**运动**才进入权利中来。最重要的是以下四种事件。 32

(一)法律行为

1. 单方法律行为

法律关系的产生、变更和消灭要么基于法律,要么基于法律行为。如果只有一人参与法律行为,则法律行为表现为单方法律行为。仅在不触及他人的权利范围时,此种单方性方为足够,尤其在无主物的先占(《民法典》第 958 条)、所有权的抛弃(第 959 条)的情况下。但例外地,可以准许某人通过其单方面的意思表示影响他人的权利范围。此即所谓**形成权**,如撤销(第 119 条及以下、第 142 条及以下)、合同解除(第 346 条及以下)、抵销(第 387 条及以下)、撤回(第 355 条及以下)、减价(第 441 条、第 536 条、第 638 条、第 651d 条)以及通知终止(无一般规则)。 33

《民法典》还将遗嘱(第 1937 条及以下、第 2229 条及以下)算做不触及他人权利范围的法律行为。虽然遗嘱常常改变法定的继承顺序(第 1924 条及以下),但在被继承人死亡(继承开始)之前,法定的继承顺序并未成立法定继承人的权利,而只是成立了一种在法律上不受保护的期待。所以,遗嘱不影响他人的法律关系。

2. 双方法律行为

但法律行为通常不仅涉及一个人,而且形成权也不在考虑之列。于是私法自治原则要求他方当事人法律行为上的协作。两个人的此种协力是通过**合同**发生的,《民法典》第 311 条第 1 款。在绝大多数法律行为的情况下是需要合同的。对此,人们区分两种类型的合同。 34

在债法上规定的是**负担合同**。如合同是**使一方负担义务的**，则因之而成立一项请求给付的债权（如在赠与的约定的情况下，《民法典》第 518 条）。相反，在**使双方负担义务的**合同的情况下，可以发生至少两项债权。在此情况下，当事人各自有所区别：每一当事人同时是债权人和债务人。在委托的情况下，委托人可以请求执行委托（第 662 条），受托人可以请求费用偿还（第 670 条）甚至可以请求预付（第 669 条）。但该双边性在此是可能的而非必要的：对受托人来说，无须发生任何费用（如委托事项只是短暂地照看他人的孩子）。

但常见的多是**必要**的**双边**的即**双务**的（synallagmatisch）合同：每一当事人都负担义务，为的是另一方当事人也负担义务；相互许诺的给付处于给付和对待给付的关系中。在这里，给付义务人的相互关联为《民法典》第 320 条及以下所考虑，其原则是：没有给付，就没有对待给付（第 326 条第 1 款）。

35 与义务相区别的是**处分**。它是指某一项（物权法或债法上的）权利的转让、废止、设定负担或变更内容。在这里，并不像上文边码 34 的情形那样，成立变更权利的义务。毋宁说，此种权利变更是直接执行的；因此，处分是**执行行为**。

处分经常涉及**物权**；尤其涉及意定的所有权转让（土地依照《民法典》第 873 条、第 925 条，动产依照第 929 条及以下）。但处分不仅仅发生于物权法，而且也发生于**债法**。例如，债权的抵消（第 387 条及以下）、免除（第 397 条）和转让（第 398 条）均意味着对债权的处分。此种债法上的处分和物权法上的处分一样，受**确定性原则**（特定性原则）的支配：必须弄清楚处分涉及哪一具体的标的（如在处分货栈的某些部分的情况下）。因为恰如人们必须知道某件物属于谁那样，也必须知道某项权利为谁所享有。这两个问题都不仅涉及直接的当事人（让与人和取得人），以致不明晰性只会损害其利益。毋宁说，双边的债权人都对于归属关系有利益:取决于归属关系的是,哪一权利的债权人可以执行。

例如,无关紧要的是,债务人到底是转让了“其半个货栈”的所有权还是让与了“其未收回的欠款的一半”。在这两种情况下,人们并不知道哪些具体的物或债权应被让与;故处分无效。反之,一项具有同样内容的义务却可能有效:它只涉及参与该义务的人而不涉及第三人,因为它只准备了归属关系的变更——仅在执行时才具体确定哪些具体的物或债权应构成待转让的“一半”。

3. 负担行为与处分之间的关系

通常,负担行为是处分的基础。某人之所以处分,是因为他有 36
处分的义务。在这一点上,负担行为和处分的此种区分(所谓**分离原则**)经常与外行人的法律感受相抵触。例如,外行人看不出来,为什么在负担行为“买卖”之上还必须发生独立的处分行为“所有权的转让”。相应地,人们经常不准确地说:某物“因买卖”而不是“因所有权的转让”而被取得了。但分离的益处在**所有权保留**的情况下马上就显现出来了:在这里,债法上的买卖是不附条件而缔结的。相反,物权法上的所有权转让只有在买卖价款被完全支付时才算完成,《民法典》第449条第1款:与买卖相反,所有权转让是附条件的,必须在法律上加以不同对待。

在法政策上比分离原则更受质疑的是在德国法上(且几乎只 37
在德国法上)与分离相联系的**无因性原则**:处分的有效性应不取决于作为基础的负担行为的有效性。例如,一件被不生效力的出卖的物的所有权转让可以是有效的。结果是出卖人先是丧失了其所有权,且不能依照《民法典》第985条请求返还物。他必须依照第812条第1款第1种情形(因给付而发生的不当得利返还请求权)请求返还占有和所有权。到转让回来时为止,该物属于买受人的财产,并受买受人的债权人的处置。

但无因性原则的这一效力可以**在法律行为上被去除掉**。例如,当事人可以使负担行为的有效性成为处分的有效性的条件。

但这在多数情况下之所以不发生,是因为无因性原则在很大程度上不为人所知。相反,很常见的是存在**瑕疵的同一性**:同一个无效性原因既适用于负担行为,也适用于处分,如出卖人在订立买卖合同时以及在转让所有权时均无行为能力。那样的话,所有权也不转移给买受人,出卖人仍然可以依照第985条请求返还属于他自己的物。

(二)给付

38 如刚才所表明的,负担行为经常因处分而被履行。在此,处分(如物的所有权转让)意味着为达到某一目的(这里:为履行义务)而有意识地将某东西给予受领人。此之谓给付。但给付绝对不需要限于处分(即限于法律行为)。更多地被考虑的是纯粹事实上的行为,如翻掘花园的土、建筑方案的设计。

给付首先在两个地方起作用:其一,给付服务于债务的履行。在第362条所规定的债务消灭时,用给付来追求的效果就达到了。但这一效果也可能失败,如待履行的债务并不存在或具有不同于给付的内容。于是给付就获得了第二项功能。就是说,给付成为了(在所谓非因给付而发生的不当得利请求权之外)第812条所规定的因给付而发生的不当得利请求权:无法律上的原因而取得了他人的给付的受领人,必须重新返还该项给付。详情参看下文边码376及以下。

(三)权利侵害

1.权利侵害的类型

39 "权利"这一表述有两种不同的含义:

其一,它指的是至少某一特定法律领域的**全部法律规范的总和**(**客观意义上的权利**,如"民法"这个词中的"法")。与此相联系,"权利侵害"是指违反任何一条规范,如因超越最高限制速度行驶而违规。被违反的法律秩序可以通过最为不同的方式(譬如通过施以警告性罚款、赔偿、罚金或没收驾照)对此做出反应。

其二,“权利”也指某人的**个人权利**(**主观性权利**)。如所有权和债权即属此种权利。这样一来,“权利侵害”即指对此种权利的不法侵犯。私法首先要努力阻止的就是此类侵犯。这首先是通过**不作为请求权**进行的(如《民法典》第 541 条、第 862 条、第 1004 条);快速实现的程序上手段则是《民事诉讼法》第 935 条、第 940 条所规定的**假处分**。

在此种预防措施不奏效的情况下,法律秩序必须努力将已发生的侵犯的后果予以取消。这样做所借助的是**损害赔偿请求权**(如《民法典》第 280 条、第 311a 条第 2 款、第 823 条及以下)或**除去请求权**(如第 862 条、第 1004 条),但也借助**返还请求权**。例如,钱包被扒手偷盗的所有人可以依照第 985 条、第 861 条、第 1007 条第 1 款和第 2 款向扒手请求返还被盗的钱包,同时以此来补偿其至少一部分损失。在其他情况下(如在无权消费某物的情形),所谓**因侵犯而发生的不当得利返还请求权**可助一臂之力。作为非因给付而发生的不当得利返还请求权的一种情形,该请求权包含于第 812 条第 1 款第 1 句第 2 种情形(“以其他方式”)。防卫和补偿对此种主观性私权的侵犯甚至构成了民法的主要任务之一。

2. 绝对权和相对权

剩下的问题是:一项主观性私权如何能够被侵害? 与上文边码 27 及以下关于法律关系所说的内容相应,兹分成两组如下。 40

某人与某标的之间的归属关系,即**P—G 型关系**,是对一切人发生效力的。这在物权法上的归属中(如在**所有权**的情形)表现得尤为明显:任何人都必须尊重他人的所有权,因而也可能侵害他人的所有权。如对此种所有权侵害有过错(故意或有过失),则《民法典》第 823 条第 1 款将介入:加害人有义务依照对一切人发生效力的侵权行为法赔偿损害。持续侵害的源头至少必须依照第 1004 条除去,而不论过错之有无。

41 与之相反的是**P—P 型的法律关系**，即**二人之间的**法律关系。最重要的适用情形是债务关系，《民法典》第 241 条第 1 款。在这里，债权人的债权仅仅针对债务人。故只有债务人才能被要求履行，也只有债务人才应赔偿损害，条件是他由于不可归责于他的原因未履行或未正确地履行。这被详细地规定于给付障碍法第 280 条及以下。

从纯粹事实的角度说，处于债务关系之外的**第三人**也当然可能妨害履行：譬如这样的第三人毁灭所出卖的物，以致它不能再被交付；或他在一次交通事故中伤害了债务人，使之不能提供所许诺的劳务。但此种侵犯既不基于债务关系也不基于《民法典》第 823 条第 1 款使债权人对侵犯者的请求权成立。尤其是在第三人侵害了债权的履行的情况下，该项债权按照通说不属于第 823 条第 1 款所称“其他权利”。毋宁说，债权人通常只能找债务人（只有第 826 条例外，参看下文边码 351）。只要债务人享有对第三人的补偿请求权（诸如因所有权或身体受侵害），他当然必须依照第 285 条将该补偿请求权作为替代利益（Ersatzvorteil）让与债权人。于是，债权人可以基于所让与的权利对第三人采取行动。

（四）其他在法律上重要的情况

42 除了上文所说的因法律行为、给付和权利侵害发生的动态事件之外，还存在权利状况变更的许多其他原因，可以根据它们究竟起源于人的行为抑或起源于其他情况将它们加以区分。

1. 人的行为

人的行为可依其是否以行为能力为前提而进行划分。在第一种情形下，涉及的是**准法律行为**。与真正的法律行为相反，这里欠缺的是法律效果意思：法律效果之所以发生，不是因为它们是当事人所意欲的，而是因为法律规定了它们。**无因管理**即为一例：根据《民法典》第 682 条，为了发生无因管理的通常法律效果，事务处理人必须有完全行为能力。但另一方面又不需要事务处理人的意思表示，以致法律行为不可能存在。

在第二种情形下，如果不取决于行为能力，则通常涉及的是**不被禁止的**（否则已为权利侵害，上文边码 39 及以下）**事实行为**。它们的种类非常繁多。自己的物的消费即属此例：当物不复存在时，权利状况因所有权随物一起消灭而变化。

2. 独立于人的行为

属于独立于人的行为但仍具有法律效力的事件的例子如**期间的经过**：它可以因取得时效而引起权利取得（如《民法典》第 937 条）。但反过来，权利也可以因除斥期间的经过而消灭（如第 121 条、第 124 条、第 651g 条第 1 款）。在消灭时效的情况下，期间的经过至少使得反对请求权的主张的抗辩权发生（第 194 条、第 214 条第 1 款）。此种几乎无法预见的事件的另一个例子是**人的死亡**：它不单单可以作为继承的开始引起继承法的法律效果（第 1922 条及以下）、终止婚姻或使扶养请求权消灭（第 1586 条第 1 款、第 1615 条）。毋宁说，它还可以引起意定代理权的消灭（参看第 168 条第 1 句）或雇佣合同的终结（第 613 条）。 43

（五）请求权体系中的动态事件

对准请求权的案例问题通常与某一特定时刻（多为**现时**）有关。对于请求权所由派生的权利状况来说，只取决于这一时刻。尽管如此，刚才所说的动态事件仍颇具意义。权利状况基础只对于某一过去的时刻是清楚的。例如，人们知道，谁在这一时刻是所有人。对于最终在法律上有意义的现时所有权状况，必须审查其发展：原先的所有权是否已丧失？它是否被重新取得回去了？所有重要的规范（如《民法典》第 929 条及以下、第 937 条及以下、第 946 条及以下）则构成了充当出发点的第 985 条的请求权规范的**辅助性规范**。 44

相反，对现时已不（再）具有意义的权利状况的变更则不得审查。例如，不能按照时间上的先后顺序审查在题目出来以后过去可能已发生变化的一切事物。某物可能以买卖方式由 A 出让给了 B,又由 B 出让给了 C。那么,对于 C 基于《民法典》第 985 条的对第三人 D 的返还请求权来说,只需审查 C 是否至少善意地从 B 处取得了所有权。如果答案是肯定的,则不再取决于 B 从 A 处取得所有权的有效性。要是叙述买卖合同的有效性则会大错特错。一般来说,由于无因性原则(参见上文边码 36)的缘故,买卖合同的有效性对于 C 的所有权无任何意义。

第一章　基于债务合同的请求权

以下论述的结构是按照请求权的基础来安排的。开始是债务合同产生的请求权：它是最特殊的一种请求权，并且优先于其他请求权（参见上文边码 18）。 45

第四节　原合同请求权与次合同请求权

一、区别及其意义

（一）原请求权

在一个债务合同（负担合同）中，至少双方当事人之一承诺向另一方当事人负担一项给付。在实践中经常出现的双务合同中则是双方当事人均向另一方当事人承诺负担一项给付。对该项给付的义务与该有效合同的其他前提无关。人们因此称之为主给付义务——订立合同主要目的所在。

当事人通常仅确定该项义务中最重要和不同寻常之处。其他部分可以由制定法补充，或者根据诚实信用考虑交易习惯确定（第 157 条、第 242 条）。

某人买了“一公斤糖”，没有必要特意说

明,出卖人不应把货物散着交给自己,而应该装进包装袋里交给自己:这完全是一种交易习惯。在土地买卖中,根据第 433 条第 1 款第 2 项、第 442 条第 2 款,出卖人必须除去特定的已登记负担。

(二)次请求权

46 提供主给付的过程中发生障碍,就会产生次请求权,如损害赔偿或者(解除后的)给付返还。这些请求权要求的不仅是一项有效合同,还必须有客观违反合同义务的行为,通常还必须有其他情况,如债务人的可归责性并且/或解除表示。

属于次请求权的尤其还包括买卖中物的瑕疵请求权,包括解除或者减价(第 323 条、第 440 条、第 441 条;《债法现代化法》之前,更换或者减价请求权的根据是旧文本第 459 条以下):它并不需要出卖人过失(第 276 条、第 278 条意义上)。它除了必须以有效的买卖合同为前提外,还需要物在风险转移时必须存在瑕疵并因此而影响了该项义务的清偿(参见下文边码 120)。

(三)考察顺序

47 原请求权在考察时总是先于次请求权,因为在这一前提下更容易实现目的。

例如,在一个考试案例中,出租人在合同结束前取回租赁物,承租人请求返还租赁物。很多人都考察了承租人的次损害赔偿请求权,并讨论了出租人的过失(这样做是不可或缺的:也许出租人无过失地进行了有效的通知终止,这就应该允许他自承租人取回租赁物)。但这样处理是不对的:第 535 条第 1 款第 1 句(保证使用是“在租赁期间”,也就是说,直到租赁合同结束)中的返还请求权是独立于过失的原请求权。

二、原合同请求权的考察提要

48 肯定一项原合同请求权,必须满足以下前提。边码 50 以下将对此详细分析:

(一)当事人必须达成(通常是通过要约与承诺)**合意**,并在第

154 条第 1 款意义上是完整的。

（二）行为和构成该行为的意思表示一样，不应存在**无效事由**。

（三）合同尚未结束。这种结束可以由于**撤销**的溯及效力（第 142 条第 1 款）而发生；这也就取消了所有的清偿请求权。**解除**虽然不能清除掉合同，但可以使之转变成一种返还的债务关系（第 346 条）；原请求权尚未因清偿而消灭。与此类似的还有用于消费者保护的**撤回**（第 355 条以下）：第 357 条第 1 款第 1 句规定可以准用解除权。与此相反，通知**终止**仅向将来发生效力；它不影响合同结束前的已经存在的清偿请求权。因此，已经被通知终止或者将要被通知终止合同的承租人还应当支付已经发生的租金。

（四）如果合同继续存在，所主张的**请求权并不消灭**。各请求权可基于以下事由消灭：

1. **清偿**或者其替代，第 362 条以下。

2. 给付**不能**（自始不能或者嗣后不能、客观不能或者主观不能），第 275 条第 1 款。

3. 双务合同中，**对待给付义务消灭**，第 326 条第 1 款第 1 句。这里，给付一方的障碍影响到了对待给付。因为这种情况下合同就不存在了，人们也可以把这种情况归到上述（三）中。

4. 例外情形，因为**除斥期间**而消灭，例如第 651g 条第 1 款。

（五）对该请求权应当**不存在抗辩权**。最重要的抗辩权是消灭时效（第 214 条）和留置权（《民法典》第 273 条以下、《商法典》第 369 条以下），自《债法现代化法》起还有给付不能（第 275 条第 2 款、第 3 款）的抗辩权。在双务合同中还有不履行抗辩权（第 320 条、第 322 条）和针对先给付义务的先给付义务人的不安抗辩权（第 321 条）。

三、次合同请求权的考察纲要

（一）次合同请求权首先至少需要一项**自始有效的合同**［参见 49

上文边码48(一)和(二)]。如果不存在自始有效的合同,请求权基础就只可能是法定之债的关系。属于其中的尤其是通过缔约行为所产生的特殊关系,由于缔约中的过失而违反这种特殊关系有可能产生损害赔偿请求权(第311条第2款和第3款并结合第280条第1款)。

(二)当然还需要满足由给付障碍种类所决定的**其他要求**。举其要者如下:

1. 对于损害赔偿请求权(第280条第1款)至少需要满足:

(1)债权人损害;

(2)违反债务,和

(3)一般需要可归责于债务人(第276条以下)。

2. 对于**基于解除的回复原状请求权**(尤其是返还已为给付,第346条)至少需要满足:

(1)解除事由,它或者基于解除保留或者基于法律(尤其是第323条、第324条、第326条第5款);

(2)解除表示,第349条。

3. 买卖中的**给付担保权**(第437条以下)需要风险转移时的瑕疵,第446条以下(参见下文边码120)。买受人的明知或者因重大过失不知排除该项请求权,第442条第1款。此外,买受人必须在所提及的请求权中进行选择。使用租赁、承揽合同和旅行合同中的情况与此类似,参见下文边码189/191以下。

第五节　合同的订立

一、合同订立的方式

50 合同可以通过非常不同的方式订立。这里首先对各种方式概括介绍,然后[下文(二)至(四)]就个别情形详细论述。

（一）个别合同和一般交易条件的适用

1. 第 305 条第 1 款将**一般交易条件**（简称“AGB”）定义成“为多数合同预先拟定的、由合同当事人一方（使用人）在订立合同时向合同当事人另一方提出”。因此根据第 2 句，范围和形式并不重要；一般交易条件也可以是简短的招贴和招牌（如写明“概不退还”）。根据第 1 款第 2 句，“只要当事人之间就合同条件个别商谈”，就不存在一般交易条件。

与一般交易条件相对，符合下述两条件之一即存在**个别合同**：所使用的要么不是为多数合同预先形成的，要么至少不是一方当事人对另一方当事人而是第三人（如公证员）或者按照双方当事人的意愿而做出的。或者，客户（使用人的相对人）最终有机会认真修正另一方的表格上的利益（这就是第 305 条第 1 款第 3 句中 50a
的“商谈”的情形）。

2. 根据欧盟指令形成的第 310 条第 2 款不同于前述内容，形成了**消费者合同**的特殊规则：为满足内容控制的要求事先形成的合同条款可以仅**使用一次**（第 310 条第 3 款第 2 项）。还可以推测，是经营者（也就是消费者的对方当事人）提出了这些条款（第 310 条第 3 款第 1 项）。最后，根据第 307 条的评价，还应当考虑合同订立的具体情形（第 310 条第 3 款第 3 项）。

（二）要约、承诺和接受草案

第 145 条以下是从通过要约和承诺订立合同出发的：首先是 51
一方当事人提出要约，然后是另一方当事人在承诺期限内接受该要约（第 147 条以下）。莱嫩（Leenen）《民法实务档案》（AcP）第 188 卷（1988 年）提出了另一种可能：在经济生活中，合同也可以由第三人提出来（向国际法中那样）：当事人双方的受托人首先提出一项草案，该草案还可以由第三方提出（如法院提出的和解建议）。然后当事人接受该草案。这种接受也可以同时表示；（在先的）要约和（在后的）承诺之间的区分在这种情形下就不适用了。

（三）本人订立和通过辅助人订立

52 最简单的情形是当事人双方亲自做出订立合同的意思表示。但在经济和商事活动中更多地是通过**代理人**订立合同：（将来的）合同当事人一方或者双方由一个受信任的人为之行事。如果要将表示的效果归于未亲自行事的人，必须要满足代理的前提（第164条以下）。与此不同的是使用单纯的**传达人**。

二、本人通过要约和承诺订立个别合同

53 作为最理想的论述形式，我将首先讨论最简单同时也是《民法典》出发点的一种缔约方式：当事人并不确定辅助人和一般交易条件（在消费者合同中根本就没有事先形成的条款）；他们通过要约和承诺而订立合同。

（一）要约

1. 要约是一项意思表示，旨在确定与受要约人订立的合同的特定内容。应当严格区分要约和向他方当事人发出的旨在自己发出要约的不具有约束力的邀请［所谓的要约邀请（invitatio ad offerenum）］。这种简单的邀请通常可以存在于广告中（橱窗商品陈列、报纸广告等），有些人认为还包括自选商店中的商品陈列。广告涉及的人数并不确定；这就会产生广告人需要给付的财产可能过多的问题，因此广告人应当保留拒绝订立合同的可能。在自选商店中，顾客应当有权改变自己的选择，把已经拿到手的货物放回到货架上。顾客的承诺至少也应在收款台提示货物。作为例外，这种情形也可以意指一种要约，即营业人保留着可以决定是否订立合同的情形（例如，“存货为限，售完为止”）。

54 2. 对于要约，适用**意思表示生效**的一般要求：要约必须做出（法律效果，第130条第2款）并且到达，即在受要约人可以获得的范围之内，对此应当根据了解事物一般发展的具体情况进行判断，参见第130条第1款第1句。对于不是有体化地做出的表示，尤其是对口头说的言辞，通常需要受要约人了解；因为说出来的言辞会即刻“消失”,受要约人要么立即了解要么根本就不再可能了解。此外还需要受要约人没有事先或者同时收到要约**撤回**,第130条第1款第2句(这并不是消费者保护的撤回,对此第355条以下专门处理)。向不完全行为能力人做出的要约,通常需要到达其法定代理人,第131条。

(二)承诺

承诺通常(第151条规定了例外,参见下文边码58)是一项需到达的意思表示。由于它使得合同成立,因此具备某些特征。 55

1. 承诺必须**适时**做出,第146条以下:对在场者应当立即承诺(第147条第1款),对于不在场者应当在可期待的期间内承诺(第147条第2款)。但要约人确定的期间优先,第148条。适时性确定标准,一般不是做出承诺表示,而是承诺表示到达要约人。

因此,承诺表示即使适时做出,也可能因为迟到而不能使合同成立。承诺人在这种情形下一般会相信存在有效合同。对此,第149条规定了要约人的一种不真正义务,他应当通知另一方迟延到达(和合同订立落空)。可归责地违反这种不真正义务,尽管承诺迟延到达,合同仍然(嗣后)成立。因此,缔约中的过失在这里例外地产生了一项清偿请求权。

迟延的承诺构成新要约,第150条第1款。在要约未被承诺的情形,合同订立因此落空。

2. 承诺表示必须**与要约一致**:只有这种情形才达成合意;与要约不一致的承诺表示构成拒绝,同时构成新要约,第150条第2款。 56

是否达成这种一致(一致性),必须通过双方意思表示的解释进行判断。正如第133条所规定,这种解释并不是探求表意人的真实意思。更具有决定性的是受领人所了解的表意人的意思(所谓的**受领人主义**的规范解释)。按照这种方式,如果要约和承诺之间存在重要区别,合同订立一般就会落空。即使达成部分合意并且当事人认为达成全部合意,这一点仍然适用,第 155 条(隐存的不合意)。相反,如果双方当事人的真实意思完全一致,就不因为疏忽所导致的某些表示上的不一致而使合同订立落空:**错误名称(falsa demonstratio)**的无害性。根据通说,无意识的不正确的表意人也应当符合必需的形式(对此,下文边码 96)。

通过解释尤其需要确定,合意包括些什么:即根据当事人(即使纯粹推定的)表示应当作为合同标的的各点。只要对合意的不完整性存有疑义,合同就不能订立,第 154 条第 1 款。

例如,在一项建筑合同的谈判中,承揽人要求必须进一步协商进行的时间确定。如果欠缺这一点,对于其他合同点(价格等)存有疑义,合同就不具有约束力。

不管是否为推定的当事人意思,合意均需包含所谓的行为常素(essentialia negotii):由于对此并没有进行补充的制定法,因此由当事人确定。例如,在买卖是标的物和价款,在租赁是租赁物和租金,对其他合同也应当相应进行确定。对于非典型合同(如融资租赁)还有其他规则要求:这里适用的并不是债法分则中各种合同类型,而仅仅是总则。

57 3. 对要约进行承诺可以是明示方式,也可以是**可推断行为**。这种可推断的行为表现在诸如试用了预订、寄送之物或者支付了其价款(对于经营者未经消费者预订而直接寄送的产品适用第 241a 条)。这种情形应当与被认为是不作为的**沉默**严格区分:沉默一般不具有任何表示意义。

可惜二者在使用中经常被混淆,较为妥当的表述是"**默示意思表示**":一种明显包含特定法律效果的行为,也就是一种可推断的行为。但"默示"这个词表达得显然并不到位:它考虑的只是积极的作为,一般并不考虑纯粹的不作为。

在债法上,只是很例外的情形,沉默才意味着肯定表示,例如,第 416 条第 1 款第 2 句、第 455 条第 2 句和第 516 条第 2 款第 2 句规定的情形。商法上最重要的情形还有法律没有明确规定的**商事确认函**(参见梅迪库斯:《民法》,边码 59 以下)。

4. 第 151 条第 1 句简化了对要约的承诺:按照该规定,所需要 58
的前提是"承诺不对要约人表示"。根据通说,这里同样需要一项表示,只不过该表示并不需要向要约人做出并且到达要约人。无论如何对该规定应当做严格解释:如果要约人并没有意识到要约是否获得承诺以及自己是否受到合同约束,他就会处于某种不利境地。

例如,一个有买受意向的人在邮购商店预订了货物,但一周后还没有回音。如果在适用第 151 条时想要有利于邮购商店,这个有买受意向的人就不能在其他地方买得该物,因为它必须考虑到自己预订行为还可以实现。为了除去这种不确定性,他就得按照第 323 条规定的方法去做(期限确定以及其后的解除)。

三、使用辅助人的合同订立

单纯的合同谈判中也可以使用辅助人,如对询问进行答复 59
(谈判助手)。使用辅助人的谈判者对辅助人的缔约过失(第 311 条第 2 款)按照第 280 条第 1 款、第 278 条的规定承担责任。合同订立具有法律行为性质,其中起辅助作用的只考虑传达人和代理人。

(一)传达人

传达人没有决定自由,只能转达**他人意思表示**。如果他做得迅速而且正确,不会发生什么问题,否则就可能产生以下的麻烦。

1. **传达人转达错误**:人们对此必须要问,究竟是表意人还是受领人使用了该传达人。重要的并不是传达人是在什么范围内确定的:如果表意人委托受领人的妻子担任传达人转达某事,他也要承担"传达人风险"。这种风险并不在受领人一方,他的妻子并没有因为结婚而成为其传达人。

在**表意人使用传达人**的情形,对于由于传达人而改变的表示一般很少归责于该传达人;表意人必须根据第 120 条通过撤销方式除去该表示。对于传达人故意转达错误的情形(因为这时他就不再是“作为传达人”行事了),通说否定无异议地归责于表意人,但通说理由不甚充分。在**受领人使用传达人**的情形,根据第 120 条进行撤销就不予考虑了。如果受领人根据错误的转达进行了表示并且该表示的意义错误,就可能根据第 119 条第 1 款进行撤销。

例如,出卖人向买受人的传达人表示,他想出卖某物于买受人。但传达人却告诉买受人,出卖人想买某物:这里并不存在一项有效的行为需要撤销。一旦买受人对出卖人为承诺,就成立了一项行为,并且是出卖人将某物出卖于买受人:要约的内容,正如出卖人向受领人买受人的传达人表示的那样,买受人的承诺意味着对该要约的同意(出卖人的理解也只能是这样一种意义)。由于买受人对其含义存在错误,因此适用第 119 条第 1 款(参见下文边码 108)。

60 2. **传达人转达正确,但为时过晚**:这种风险也由使用传达人的人承担。尽管要约人的传达人对承诺通知过晚,合同仍然成立。反过来,如果承诺人的传达人过晚告知要约人,构成承诺迟延(第 150 条以下,可能还有第 149 条)。

61 3. **传达人完全忽略了转达**,如忘记了:这种情形还没有有效的到达,表示也就仍然没有效果。但在受领人使用传达人的情形,已经到达受领人;因为他自己对此并不了解,乃是他自己的风险。

(二)代理人

62 代理人不同于传达人的是在代理权范围之内(参见下文边码 64)享有决定自由。他所表达的是**自己的意思**。将该表示归于被代理人,还需要符合特定前提。

1. 代理仅适用于**意思表示**的做出(第 164 条第 1 款)和受领(第 164 条第 3 款),在一定范围内涉及意思瑕疵、知道或者应当知道(第 166 条)。相反,第 164 条以下并不适用于归责(对此应适用第278条)或者诸如根据第854条第1款的占有取得(对此应适用第855条、第868条,参见边码252以下)之类的事实行为。

2.代理人必须**以被代理人的名义**行事,第164条第1款第1句,也就是表明他在为他人行事。当然这种意思也可以从具体情况得出来,第164条第1款第2句。效力归属于行为人自身的行为就是其适用的具体情形,它首先是所谓的**与企业相关的行为**(营业持有人的行为),代理企业者,即使行为相对人未能正确认识企业本身,取得权利或者负担义务者仍然是该企业。 63

例如,一名受雇他人的出租车司机对一名乘客做得像他自己就是出租车企业主一样(这样乘客才愿意与司机订立合同)。尽管如此,关于运送的(承揽)合同仍然与真正的企业主成立。

以他人名义行为在很多情况下相似:行为人并未表明他是在为他人行事,而是假装自己就是他人(如以他人的名字签名)。如果存在代理权,这时的法律效果仍然是由该他人承受。应当与此相区别的是**使用假名**:这里应当是与行为人自己成立行为(如旅馆房间的使用租赁);所使用的名字对于行为并无任何意义。

3.代理人或者以他人名义行事的行为人对被代理人必须具有 64
代理权。

(1)这种代理权可以基于法律规定产生,也可以基于法律行为产生(关于权利表象,参见下文边码66)。例如,根据第1629条,父母对未成年子女享有**法定代理权**,并且通常是共同代理权,第1629条第1款第2句。法定代理权至少还包括**机关代理权**,如社团(第26条第2款)或者财团(第86条第1句)的董事会;更重要的适用情形是在公司法中(如股份公司的董事、有限责任公司的董事)。机关的特殊性在于,机关除产生代理权外还产生其他法律效果,尤其是第31条规定的机关担当人的责任(参见下文边码162)。

通过法律行为授予的代理权称为**意定代理权**,第166条第2

款第 1 句。授予意定代理权可以采用三种形式:

①授权人和代理人之间(**内部意定代理权**,第 167 条第 1 款第 1 种情形);

②授权人和与代理人行事的相对人之间(**外部代理权**,第 167 条第 1 款第 2 种情形);

③**内部授权同时通知外部**(第 171 条)。

65 (2)应当将代理权所涉及的外部关系与**代理人和被代理人之间的内部关系**(如受雇于他人的女售货员之间的劳动合同)相区别。根据第 168 条,基础法律关系结束,意定代理权也随之消灭。当然,内部关系和外部关系的内容经常有所不同。尤其特别的是,代理权(也就是代理人对外可以做的)超出内部关系中代理人应当做的。

这一点既适用于意定代理权,又适用于法定代理权。因此,父母的代理行为构成其所负担的照顾"子女利益"的一部分,第 1627 条第 1 句;同样,经理人(《商法典》第 48 条以下)基于任用合同应当照顾其雇主的利益。但代理权也可能包括不利的行为,一般可能是因为不了解代理的效力,因此就会不理性地通过代理人与某人为法律行为。即使该行为不利,被代理人对外仍受其拘束;对内可能会产生对代理人的损害赔偿请求权。

根据习惯法,对行为相对人而言**显然**是**滥用代理权**的情形,会产生对外效力的例外:这时不发生代理的效果,如父母低价出让子女的财产或者小企业的经理人进行特别巨大的远期行为。

某些特定情形有这种令人担心的代理权滥用,《民法典》在第 181 条规定了**自己行为**。根据该规定,只要没有特殊许可或者是清偿债务,就可以否定其代理权:

①**自己缔约**:代理人利用代理权与自己成立行为,如经理人提高自己的薪资;

②**多方代理**:代理人为处于不在同一方的多个被代理人成立

行为,如经理人将货物出卖给自己担任单独董事的社团。

第 181 条并没有区分自己行为是否实际上给被代理人带来不利。联邦最高法院并未将该规定适用于被代理人纯获利益的行为(主要参见《联邦最高法院民事裁判集》,第 59 卷,第 236 页;同时参见下文边码 90)。这样,父母就可以对未成年子女为赠与(根据第 181 条的文字,只允许是清偿债务,即限定在抚养义务的狭窄范围内)。

(3)除上文边码 64 中提到的代理权基础外,还包括**权利表象**。以下情形可以认为存在权利表象: 66

①首先是为**错误登记**的机关。《民法典》特别规定了没有在社团登记簿登记的社团董事变更,第 68 条第 1 句。商法中更重要的是商事登记簿上的错误登记或者不正确的公示,《商法典》第 15 条(对此参见梅迪库斯:《民法》,边码 105 以下)。

②关于意定代理权,第 169 条至第 173 条规定了一种有所限制的正当性保护:行为相对人对消灭事由不知或者不应知者,意定代理权继续存在。习惯法上承认容忍代理权:知道他人以自己代理人名义行事而予以容忍者为被代理人,不论他是否能阻止该行为。这种情形非常类似于通过可推断行为授予外部意定代理权(参见梅迪库斯:《民法》,边码 100 以下)。

③有争议的是所谓的**表见代理权**。代理权表象来自于表见被代理人的过失:保管文件或者印章过于粗心大意,以至于第三人能够以这个粗心大意的人的名义进行表示。对此基本存在两种观点:通说肯定代理的效力,将纯粹的过失像意思表示或者有意容忍那样对待。(理由更充分的)反对观点认为,除商法效果之外,过失还可以产生其他效果:它产生了缔约过失的损害赔偿请求权。关于其具体内容,参见梅迪库斯:《民法》,边码 98 以下。

(4)法定代理权因前提消灭而**消灭**,如子女成年或者董事任期届满。意定代理权因基础关系(第 168 条第 1 款)消灭而消灭, 67

或者因撤回(第168条第2句、第3句)而消灭。意定代理权尚未行使者,如果存在撤销事由,就可以根据第119条以下对意定代理权人进行撤销。相反,意定代理权已经行使者,根据正确的通说,撤销所指向的是根据意定代理权所成立的行为。这时,撤销相对人就是行为相对人而不再是意定代理权人。授权人就只能对买受人撤销意定代理权人成立的买卖合同。

四、使用一般交易条件

68 一般交易条件是“为多数合同”拟定的(第305条第1款第1句);消费者合同中与之相应的是预先拟定的合同条款(第310条第3款第2项)。这两种条款本身还不是合同,特别是其表述不需要其他人参加。要成为一项具体合同的组成部分,还需要在合同中使用该条款。

(一)积极使用的要求

积极使用的要求表现在第305条第2款:对方当事人需要的不仅仅是理解一般交易条件的效力。确切地说,使用人应当将一般交易条件明示地或者以其他清楚的方式进行说明,对方当事人应当有可以合理期待的了解机会。对此,第305a条、第310条第1款无疑规定了很多例外。

可以合理期待的了解机会,并不一定就是主动寄交或者悬挂一般交易条件:有时对方当事人可以合理期待提出这方面的请求。另一方面,即使寄交或者悬挂,也不必定就已经足够了。如果表述不可理解或者其印刷文字由于字体过小而无法阅读,就欠缺这种可以合理期待的了解。由于缔约匆忙(如在去停车楼的通道上),使得人们对内容丰富的一般交易条件的了解变得不可合理期待。

(二)使用的理由

69 即使符合第310条第2款规定的前提,个别交易条款的使用也还可能落空,如第305c条第1款规定的**意外条款**和第305b条规定的**与个别约定矛盾**的条款。此外,根据第305c条第1款,对不明确条款进行解释时，在不明确范围内不利于使用人。

（三）内容控制

第305c条第2款的使用控制指向各个条款中不公正的内容；人们可以将其概括为内容控制。这些内容在第307条至第309条中另有规定。这些条款属于对（通过一般交易条件行使）私人自治的一种限制，因此，我将其与一般交易条件所涉及的那些条款联系起来进行分析。 70

五、接受草案

上文边码51提到，区分要约和承诺并没有什么意义。这里的两个同意表示都是需受领的意思表示。他们都必须向对方当事人做出并且到达对方；第151条并不适用。特别是草案通过解释仍然包含未排除的不清楚之处或者漏洞同时当事人双方的同意又具有不同含义时，就存在了第155条规定的隐存的不合意。 71

第六节　合同的类型

第五节只讨论了债务合同的订立。但是，当事人并不是直接订立一个合同，而是订立一个有特定内容的合同。其难点表现在如下方面。 72

一、合同类型的意义

合同类型的意义体现在两个方面，即合同成立及其效力。

（一）成立

与合同成立相联系的是，合同类型决定着当事人必须达成**合意**的合同**范围**。因此，有偿合同中，需要确定的除了符合其本性的给付外，还需要确定对待给付，如价款。相反，在无偿合同中（如赠与）考虑的并不是对待给付，当事人只要就无偿性达成合意即可（第516条第1款）。在非典型（法律没有专门规定的）合同中，当事人必须确定各个细节方面的规则。因此，这些非典型合同

(如融资租赁、特许经营)几乎无一例外地需要借助于一般交易条件订立:对各个进行重新约定,非常繁琐。

要式性(参见下文边码 94 以下)作为有效前提有时也取决于合同类型。例如,赠与允诺一般是要式的(第 518 条第 1 款),而买卖通常是不要式的。土地买卖和赠与都需要做成公证书,但二者之间仍然存在差别:需要具备特定形式的,第 518 条第 1 款中只是赠与人的允诺(即对承诺并无要求),第 311b 条第 1 款中则是整个合同。

还有一些**缔约禁止**取决于合同类型:根据第 1641 条、第 2205 条第 3 句,禁止父母或者遗嘱执行人管理他人财产时实施赠与;但却允许出卖。

(二)合同效力

73 合同类型的意义还表现在行为成立之外。在这一问题上,个别合同和通过一般交易条件成立的合同有所区别。

1. 当事人在**个别合同中**大多只确定很少的点。例如,在通常买卖中,当事人一般就标的物和价款进行约定,最多再加上交货的时间和地点。关于其他细节,尤其是给付障碍产生的法律效果,当事人一般交由任意性制定法调整。不同合同类型显然并不相同。例如,买卖和承揽合同的消灭时效期间就有所区别(第 438 条、第 634a 条;应当注意的还有期间的起算)。

74 2. 通过预先拟定条件的**一般交易条件**订立的消费者合同(第 310 条第 3 款),涉及交易有关的很多细节性合同之点。当然,制定法在这里也有很重要的意义。首先,对于本来就不考虑使用人希望而必须符合的法定条件,一般交易条件通常不予确定。其次,这些规则构成了一般交易条件内容控制的范围:尤其是第 309 条规定一般交易条件偏离制定法的某些具体情形不生效。根据第 307 条第 2 款第 1 项中的一般性概括规定,对"实质上与法律规则的基本思想"不一致的规则存有疑义时,应当认为存在不适当的损害而不发生效力。

第 1 项首先适用于典型合同中的一般交易条件。只要一般交易条件与一般债法不一致,第 1 句就直接适用于**非典型合同**。此外还有第 307 条第 2 款第 2 项中的“一般交易条件”应当是合同本性所表明的并且对实现合同目的是必需的实质性权利和义务(“基本义务”,如融资租赁来的船舶应当是防水的)。

二、确定合同类型

75 前面讲了合同类型的意义,但认为关于合同请求权的考试同样会自动地并且一般化地按照合同类型提问(如“首先考察当事人订立了何种类型的合同”),那就错了。其实人们一般难以察觉与此相关的那些困难。

(一)命题的提示

很多命题中都包含着合同的法律归类:“K 买自 V”、“B 为 G 就 S 的债务提供保证”。很多考生通常可以并且应该立即接受这种归类。另一方面,如果命题中包含着细节,前面提到的归类可能就不适用了,如“买受的”物还应当是“出卖人”制造的(这就需要考虑第 651 条)。

(二)归类不明

76 在很多命题中,并不包含合同类型方面的说明。例如,某个闭卷考试中的案例是,一个工匠师傅的学徒借助伪造的收据收了不了解内情的顾客的钱并将该钱为自己留下来。问题是,师傅是否还可以再请求支付。这里并没有问师傅的请求权究竟是基于雇佣合同、承揽合同还是定作合同。问题其实在于该请求权的消灭。这并不是根据第 370 条得出的结论,因为该条要求以真实的收据为前提。但这里是否可能因为师傅没有保管好其文件而产生表见代理权呢?或者顾客可以由于违反义务而根据第 278 条主张损害赔偿并且抵销呢?——为赔偿符合基础合同“法律本性”的“附带损害”,还可以有类似的很多请求权,这里就不进行讨论了。又如,病人因为其牙医的坏治疗椅倒塌而受损害,治疗合同(雇佣合同或者承揽合同)仍然有效。

在确定合同类型遇到困难时,首先应该考虑并说明为什么需要确定合同类型。当然这并不是一般性地说,在“强调抗辩的”命题中作为请求权基础的合同的类型并不重要。重要的其实是债务人所谓的抗辩陈述。牙医可以提出一项酬金请求权;病人可以抗辩说镶补过的牙齿还像以前那样疼痛。存在一项承揽合同但拒绝验收意味着(第 640 条第 1 款):酬金请求权尚未到期(第 641 条第 1 款)。相反,如果承诺的是雇佣合同,报酬在给付约定劳务时即已到期(第 614 条第 1 款);重要的是该劳务中是否包含结束疼痛(如由于需要进行牙根治疗,仅仅进行镶补就不够了)。

(三)归类本身

77 还有另外一种情形,在其中归类并非没有问题,但它在法律上又是比较明确的。这种情形绝不少见;命题中偶尔会存在困难。例如,建筑师因怀疑业主的支付能力而要求一位手工业者对此提供担保,他又考虑能否得到这笔钱:这究竟是一项不要式有效担保合同,还是一项形式无效(第 766 条第 1 句、第 125 条第 1 句)的保证?或者它涉及的是因缔约过失(第 311 条第 3 款和下文边码 217 以下)而发生的损害赔偿或者是另一种义务违反?这一命题同时还表明了其他困难:除了法律规定的合同类型之外,债法上类型自由还可以存在非典型(类型自由)合同(如这里的担保合同)。

1. 这种情形可以从法律规定的类型出发,在这里也就是保证。这一类型的基本特点主要表现在法律规范开头的**定义规范**(这里是第 765 条第 1 句;其他定义规范诸如第 433 条、第 474 条、第 481 条、第 516 条第 1 款、第 535 条、第 581 条第 1 款、第 598 条、第 607 条、第 611 条、第 631 条)。

78 2. 仅仅看一下定义规范经常还不够,还要看**下面的规定**是否与具体的当事人约定相符合。这就可以在第 766 条、第 771f 条、

第774条以下发现一项根据,《民法典》认为保证是一种有利于他人的行为。对于前面提到的建筑师就应该问,业主是否愿意乐于助人或者至少是否是为了自己的目的:如果是第二种情形,就应该考虑非典型的担保合同;这样,第766条第1句所规定旨在保护免于仓促行事的形式就没有什么必要了。

三、难题

确定合同类型首先会遇到三个难题。 79

(一)非典型合同

这种难题在前文关于建筑师的案例中就已经提到了:除了法律规定的类型之外还存在诸如担保合同的非典型合同。对此,首先适用当事人的约定,其次是用一般债法。在司法裁判中对此还存在一种倾向,即首先寻找与之最相近似的典型合同,然后适用关于该典型合同的法律规定。例如,对于融资租赁,联邦最高法院考虑了使用租赁法(第535条以下)(颇值得怀疑的是《联邦最高法院民事裁判集》,第107卷,第123页适用了旧文本第557条第1款,现行文本第546a条)。对于其中的问题,可以参见利博(Lieb),《企业》(Betr),1988年,第946页;卡纳利斯(Canaris):《民法实务档案》(AcP),第189卷(1989年),第410页。

(二)混合合同

非典型合同之外还有所谓的混合合同,它涉及不同的合同类型。它可以区分为三类,对于混合合同适用的规则无疑存在争议(参见梅迪库斯:《债法分则》,第121节;拉伦茨/卡纳利斯,第63节)。 80

1. **类型结合合同**中,当事人负担数项给付,但分别属于不同合同类型。例如,领取养老金的人有偿使对方负担将房屋交给自己使用(使用租赁)同时负责打扫(雇佣)和提供饭食(根据第651条的买卖)的义务。根据法律对合同类型的规定,这里一般要有不同类型的给付才能与之相适应。当然,合同是作为整体而存在的。

住在房子中的领取养老金的人如果想搬出这个有瑕疵的房子,就必须通知终止整个合同。另一方面,如果所提供的个别膳食存在瑕疵,他当然也可以只拒绝这一点:这最终是合理解释问题。

81 2. **类型融合合同**不同于上文边码 80 种提到的:它只涉及单个给付;但该给付确实归入合同的不同类。混合赠与(以朋友优惠价出卖某物)就是一个例子:儿子把父亲一辆用过的轿车搞到手,双方协商的价格仅仅是市价的一半。这个合同一部分有偿,一部分无偿,包含着买卖的因素和赠与的因素。

人们首先会想法寻找对不同类型都较为适当的规则结合;这就决定了诸如第 675 条规定的有偿事务管理合同经常是这样,如果有关规则相互矛盾,就不能找到这样的组合。例如,出卖人对物的瑕疵(损害赔偿之外)负责不需要过失(第 437 条以下),而赠与人在特定物赠与只对欺诈(第 524 条第 1 款)、在种类物赠与只对明知或因重大过失不知而负责。因此,人们通常将有偿部分和无偿部分区分开。这就可以分别进行解除和减价:这里只涉及所确定的很低的价格。除去瑕疵或者另行提供无瑕疵标的物(第 439 条第 1 款)的事后清偿,如果不能满足第 524 条第 2 款规定的前提,就只能对该行为的有偿部分提出要求。

82 3. 最后一种类型混合是一项**合同附加其他种类对待给付**。例如,"使用租赁"的租金不是货币而是提供劳务(如担任房屋管理人)。这里就是两种典型有偿合同相互结合在一起,从而使以货币支付形式存在两项对待给付相互抵销。首先,各种给付应适用相应合同类型的规定。但是,如果想要结束整个合同,由于所适用的合同类型之间存在不同(如对承租人和雇员的通知终止保护就有所不同),这样做可能也不会成功。因此,只要法律对该问题没有例外地予以专门规定(第 576 条以下),就必须说明两项规则中哪一项应当优先,如因为某一项是强行法。

(三)合同联立

存在疑问的还有如何对合同联立进行法律处理。这种情形存 83
在多项合同,正如经常表明的那样,它们是由不同当事人达成的。这种联立是基于当事人意愿或者(经常)是基于目的关联。

最著名的例子是**贷款融资性分期付款买卖**。这种情形,买受人与出卖人订立了买卖合同。同时,由出卖人作为中介人,由买受人与银行或者储蓄银行签订了一份借款合同:借款款项向出卖人支付,用以清偿买受人的价款债务。买受人不再需要向出卖人负担买卖价款,但需要向银行支付利息并(以分期付款方式)偿还贷款。

如果买卖和借款之间完全没有联系,买受人在买卖有障碍时对银行就没有任何权利,他就不能主张买卖标的物并为交付(第320条)或者存在瑕疵(第437条以下)。司法裁判中以不同方式对买受人提供救济(详细内容参见梅迪库斯:《民法》,边码776以下)。最有效力的是**抗辩穿越**:买卖所生抗辩可以由于两项合同的法律关联而延及借款。这样,在诸如买卖标的物存在瑕疵买卖合同被解除的情形,买受人就可以对银行提出异议。对于**消费信贷**的部分,第358条以下已经明确进行了规定。

融资租赁中也存在类似的联立。这种情形,在承租人和出租人(涉及交付租赁物)之间有一项租赁合同,在出租人和第三人之间还存在一项购置合同(买卖)。司法裁判中认为这两项合同之间存在联立关系而优先适用行为基础学说:解除所致买卖丧失作为融资租赁的基础同样使其可以被解除(如《联邦最高法院民事裁判集》,第81卷,第298页)。经营者和消费者之间的融资性租赁,在《债法现代化法》以后根据第500条参照适用第358条以下。

第七节　生效前提和效力障碍

84 迄今(上文边码50以下)只讨论了两项意思表示如何完全一致达成合意的技术过程。但对于一项发生法律效力的债务合同,只有这些还不够。必须要满足特定的生效前提,否则便存在效力障碍。其中,某些是合同法的"具体化"(参见卡纳利斯:《民法实务档案》,第200卷,2000年,第273页以下),最后是特定的内容控制。

一、坚持私人自治

一般而言,债务关系毫无疑问可以通过合同设立,第311条第1款(先前的第305条,合同自由)。法律限制主要存在于涉及家庭法和继承法而负担的义务:第1297条对结婚、第2302条对遗嘱自由都规定了不可限制。改变血统不能成为债务关系的标的。尤其是第1747条第2款第1句阻止了所谓的"借用母亲",使之对于自己怀孕并生产的子女负有取回义务。对私法自治的另一项限制是否定某些约定的可诉性,这些约定一般称为**自然之债**,第656条以下、第762条以下。

对于隐私领域和涉及**人类尊严**的方面负担义务,也没有私法自治(必须与第138条相符合)。因此,《联邦最高法院民事裁判集》第97卷,第372页,认为妇女负担服用避孕药("药丸")义务的约定无效是有道理的。

二、法律约束意思和表示意识

85 其他生效前提是,当事人必须愿意受到法律上的拘束。对此可区分为四种情形。

(一)社交层面

第一种情形中,虽然存在一项像合同一样的合意,当事人却**不愿意**发生法律上的拘束。最平常的例子就是请人吃晚饭:"违反"

这种约定并不担心会发生法律上的制裁(如清偿诉讼或者损害赔偿请求权),而只是发生社交上的制裁(蔑视、不会再受邀请等)。

司法裁判中一般性否认非婚姻生活共同体中存在法律约束意思(联邦最高法院:《新法学周刊》,1986 年,第 374 页),这就容易被人误解了:当事人之间不存在婚姻法约束力,这一点是正确的;但这却可能通过法律行为产生债法约束力。对于同性伙伴,现在适用的是《生活伙伴法》(LPartG)。

(二)君子协定

第二种情形中,当事人明知所提到的内容至少不发生法律约 86
束力。当事人明知某合同具有要式性而在订立该项合同时有意不考虑其形式,有时人们称之为君子协定。这种情形所产生的法律约束力不会超出第 242 条规定的内容(联邦最高法院在个别情形的处理可能并不相同,如《联邦最高法院民事裁判集》第 48 卷,第 396 页。参见梅迪库斯:《民法》,边码 181)。

(三)不可合理期待的约束

第三种情形中,当事人**没有考虑**法律约束力;法律制度对此大 87
多予以否定。联邦最高法院:《新法学周刊》,1974 年,第 1705 页(参见梅迪库斯:《民法》,边码 372)有一个例子:受托“处理事务”的一个摸彩共同体参与人匆忙之间未按照约定摸彩,结果错过了大奖,联邦最高法院否定了对可能存在的错过了的大奖的赔偿义务。债法之外,可以归入这一类的充其量还有配偶之间关于家务料理(和其他生活事务)的约束力非常有限的约定,第 1356 条第 1 款第 1 句:配偶一方对于这样一种可能决定其全部其他生活的约定(如为了建房而极端节俭)可以无重大事由(第 314 条!)而使之归于消灭。

(四)欠缺表示意识

最后一种情形中,当事人欠缺做出具有法律意义上的表示意 88
识(最为正当的意思);另一方当事人对此却并不了解并相信其表

面有的效力。教学案例一直是用**特里尔葡萄酒拍卖案**。在特里尔葡萄酒拍卖中,举手意味着报出更高价,一个外地人对此并不了解,他举手向友人致意,结果却拍得货物。该案例的解答经常引起争议(参见梅迪库斯:《民法》,边码 130)。参见《联邦最高法院裁判集》,第 91 卷,第 324 页。此后占优势地位的做法是,如果行为人了解其行为可能具有法律意义,就可以适用第 119 条第 1 款。根据该规定,行为人必须不迟延地撤销,并且对他方当事人的信赖损害进行赔偿(第 121 条、第 122 条,参见下文边码 116)。因此,属于这一类的还有合同的事后结束(下文边码 107 以下)。相反,如果行为人不了解其行为可能存在的法律意义,该表示不生效力(特里尔案就是这样,打招呼的人还可能没有注意到拍卖的过程)。

三、行为能力

89 意思表示生效还需要行为能力或者有效法定代理。由此产生的问题主要涉及未成年人,也就是未满 18 周岁的人(第 2 条)。

(一)限制行为能力

已满 7 周岁的人(第 106 条),从事法律行为性质的行为有两种可能。

1. 可以**自己行事**。这样订立的合同一般**效力待定**;法定代理人追认后才能生效(第 108 条)。但其中存在一些重要的**例外**。

(1)限制行为能力人**纯获法律上利益**的行为,立即生效(第 107 条)。不涉及限制行为能力人财产的所谓**中性行为**,同样处理。根据第 165 条,限制行为能力人也可以作为代理人,直接代理中的行为可以作为这种中性(因为只对他人发生效力)行为的典型情形。

行为纯获利益与否不是从经济的角度而是从法律的角度进行判断:即使是有利的买卖也会产生法律上的不利,因为买受人有义务支付价款。对于纯获经济上利益的行为,第 107 条并未忽视行为能力的限制；对于该行为可以并且应当由法定代理人追认（第108条）。当然，仅仅与行为间接联系的不利（在细节上存在可以讨论的限制）大多不予考虑，如土地赠与会产生税收负担或者交易安全义务。参见梅迪库斯：《民法总则》，边码561以下。

（2）并非纯获法律上利益的行为，经**法定代理人同意**而成立者，有效，第107条。这种同意，既可以限定在个别行为，也可以给某类行为以概括同意（如订立与旅游有关的一系列合同）。第112条、第113条规定了概括同意的两种情形。这两个条款使得未成年人在所包括的行为方面甚至变成了“不受限制的行为能力”。这种情形，按照第112条第2款存在收回同意的毫无问题；但在收回同意之前，未成年人的行为排除了法定代理。 90

（3）经同意而行事的最实际也最常见的形式是使用**交给自己的金钱**的情形。这不仅仅是指给零花钱的情形，还包括诸如保留自己的劳动收入等情形。第110条规定了一项特殊规则：行为并不是从订立时起生效，而是从限制行为能力人用交给自己的金钱清偿所负担义务时起生效。分期付款行为自支付最后一笔款项时生效。对于成年无行为能力人（第104条第2句），第105a条是指获得了从事法律活动的限制能力：小额日常行为由于给付和对待给付而使之有效。 91

2. 自己行事之外，限制行为能力人还可以由其**法定代理人**代理。对此并没有什么问题，但应当注意须经批准的情形，第1821条以下、第1643条。 92

（二）无行为能力

未满7周岁或者并非暂时精神错乱的人，是无行为能力的，第104条。无行为能力人本人实施的行为，除第105a条规定的行为外，不生效力。这里应当考虑的只是法定代理，正如上文边码92。此外，第1903条还承认，某些情形下，照管也应归入追认保留之列。它的效力类似于先前的禁治产。 93

四、遵守形式要求

(一)形式的种类

94 1.《民法典》承认形式的三种传统种类:法定书面形式(第126条)、公证证书[第128条,《公证证书做成法》(BeurkG)规定了具体内容]和公开认证(第129条)。最后一种形式仅涉及签名,也就是仅仅证明该签名是由签名的人做出的真实性;并不评价行为内容(和由此产生的特别值得注意的保护免于仓促行事)。

自2001年8月1日起还应注意到第126a条和第126b条。其中,第126a条中以"合格的电子签名"所标示的**电子形式**只是第126条第3款规定的习惯书面形式的替代。在很多重要情形(如第766条第2句规定的保证)中,法律认为这种替代是不够的。第二种创新构成所谓第126b条所谓的**文本形式**(顺便提一下,这是一个荒唐的名称,"正文"是任何一项表示的内容而不是其形式)。在这里,复制签名或者表示成立的其他标记都是可以的。可以适用这种形式的情形,主要是在消费者法和房屋使用租赁中。

95 2.当然还有**特别规定**需要注意。首先是第126条规定的书面形式。第2247条规定的自书遗嘱就非常严格(正文也必须亲笔手书),当然也有要求较弱的(不用再签名,使用诸如"你们的父亲"的方式也可以)。对此还要再次确定必须使用特定形式进行表示的范围。对于整个合同需要特定形式和只有合同表示(第766条第1句就是这样)需要特定形式之间的区别,上文边码72已经讨论过了。在第492条、第493条、第312c条等很多规定中都可以发现,必要内容需要使用特定形式进行表示:这些情形的形式都是为消费者获取信息服务的。

96 3.存在争论的是**形式要求和解释之间的关系**:如果[如错误名称(falsa demonstratio),参见上文边码56]根据具体情况通过解释能够在形式之外得出合同的实质性内容,还有必要保持形式要求吗？司法裁判中通行的是**暗示理论**要求，合同的内容至少在形式上有所暗示（例如，关于买卖土地做出错误表示，合同中涉及的地块就应该是当事人所意指的地块而不是表示中的地块）。当然，有些情况下可能需要放弃这种暗示。参见《联邦最高法院民事裁判集》，第 80 卷，第 242 页和第 246 页；第 87 卷，第 150 页。同时参见梅迪库斯：《民法总则》，边码 328 以下。

4. 第 127 条第 2 句弱化了第 126 条第 2 款对合同订立中**约定形式**的要求。这里还应注意第 309 条第 13 项：为一般交易条件相对人考虑，不再要求比简单书面形式更严格的形式。 97

（二）欠缺法定形式的后果

1. 不遵守法定形式，根据第 125 条第 1 款，其效果是**无效**。个别规范的规定与此不尽一致。根据第 550 条，不符合形式要求的使用租赁合同自始有效，但只不过只有较短的时间约束力。 98

通过执行补正或者通过部分执行补正该行为也经常发生：《民法典》第 311b 条第 1 款第 2 句、第 518 条第 2 款、第 766 条第 2 句以及第 492 条。第 492 条规定的情形，如果内容有利于消费者，该合同根据第 494 条有效。

第 311b 条第 1 款第 2 句对**私下买卖**尤为重要：私下买卖的价格要低于经过公证的买卖合同，该合同中的价格根据第 117 条第 1 款无效；但如果买受人在土地簿进行了登记，根据第 117 条第 2 款、第 311b 条第 1 款第 2 句，该合同按照约定的较高价格发生效力。

2. 第 125 条第 1 句中的无效后果在什么程度上可以根据第 242 条或者通过赔偿请求权而有所弱化，这一点是存在疑问的。对此只有例外情况下才考虑清偿请求权，尤其是相对人恶意阻碍遵守形式的情形。人们经常（不准确地）说，在这些情形中“不应该允许援用形式要求”。基于缔约过失（第 311 条第 2 款）的损害赔偿请求权，仅仅指向消极利益，只有满足了特定前提后才可以肯 99

定存在该项请求权。如果应当遵守形式的当事人主张另一方当事人有赔偿义务,总是需要说出特别的理由。关于其细节,参见梅迪库斯:《民法》,边码 180 以下。

(三)欠缺约定形式的后果

100 不遵守约定形式,根据第 125 条第 2 款,只有“有疑义”才导致无效。正如当事人确定形式要求,他们也应当确定欠缺形式的后果:也许形式只起到证明作用而不应作为有效的前提(参见第 154 条第 2 款)。更为重要的是与法定形式的另一项区别:当事人可以废止由他们自己确定的形式要求。它通常不需要特定形式并且仅仅通过推定就可实现,司法裁判中甚至当事人都不考虑自己的形式约定了。因此,这种约定几乎就没有比较靠得住的适用范围了。参见梅迪库斯:《民法》,边码 187 以下。(有效的)明示约定就构成了一种补救,但形式要求的废止也应当需要特定形式(所谓“双重书面形式条款”)。

五、违反法律

101 根据第 134 条,违反禁止性法律的法律行为无效。这样设计还需要一个补充,即“法律没有相反规定”。因此,决定该行为无效的,不是第 134 条,而是**禁止性法律**:通过解释禁止性法律来决定是否除了民法之外的制裁(如可刑罚性)外是否还会产生民法上无效的效果。第 134 条最多是一种推定,甚至对它还存在些怀疑。

按照我的看法(参见《民法总则》,边码 648 以下),对此以**行为已经实施**与否为准:法律一般会拒绝实施被禁止的行为;法律制度不可能存在令人不堪忍受的自相矛盾。与此不同,对虽被禁止但已实施的行为却不必要求回复原状。对于**被禁止的黑工**,不能主张给付。如果已经完成该给付并且进行了支付,第 817 条第 2 句就阻止回复原状(参见下文边码 385 以下)。如果劳务给付已经提供但尚未支付,联邦最高法院:《经济法杂志》,1990 年,第

1086 页，至少还根据第 242 条按照具体情况发生报酬请求权。

六、违背风俗

根据第 138 条第 1 款，违背善良风俗的法律行为无效。因此，102
法律制度拒绝给违背风俗的行为人提供救济，当然也就不给违背风俗的行为人以请求权。

（一）善良风俗

长期以来，违背风俗被界定为“违反公平和正义的思想者的礼仪感”。由此得出的具体结论却产生了一些困难，在价值一致日渐消失的多元社会就更加困难。这一漏洞与**基本法的价值判断**有很大程度的不同：它不太取决于多数人的风俗感，而更取决于主要通过法学家解释而发展的宪法上的预先规定。因此联邦宪法法院：《新法学周刊》，1994 年，第 36 页、第 38 页（关于家属保证）要求：如果合同订立中一方当事人享有超强的力量以至于“可以单方决定合同内容”，该合同对于处在下风的一方当事人产生“异常负担”的后果，司法裁判必须（如通过第 138 条）施加影响。

对于私法当然应当不断思考：基本权也构成了人格自由发展的权利（基本法第 1 条第 1 款），私法自治也属其中（如联邦宪法法院：《新法学周刊》，1994 年，第 36 页、第 38 页）。因此，按照私法自治行事的行为人的决定不需要说明其决定的理由（它使私法从公法中区别出来，参见梅迪库斯：《民法总则》，边码 4 以下）。因此，即使第 138 条也只是在例外情形才考虑行为人的动机。重要的其实是结果，即法律行为，它也是第 138 条第 1 款中的判断对象（参见梅迪库斯：《民法总则》，边码 685 以下）。应当提出的问题是，基于这些行为是否产生了清偿请求权。迄今为止，大多数人对此持否定见解，如对卖淫合同[至于妓女的报酬请求权则是另外一回事，现在适用 2001 年 12 月 20 日《妓女法律关系规制法》（Gesetz zur Regelung der Rechtsverhältnisse der Prostituierten）第 1 条]。而为此实施的很多辅助行为（如以不过高的价格将房屋出租给妓女),则被认为是有效的。

(二)暴利和类暴利行为

103 1. 根据第138条第2款,违背风俗的一种特殊情形是**暴利**。它被分为两类:(1)通过给付和对待给付之间明显不相称;(2)剥削利用另外一方的特定耗弱。非因这种剥削而成立的不对称,并不符合第138条第2款(如根据第307条第3款第1句,在一般交易条件合同中甚至对给付和对待给付的关系进行控制)。

104 2. 大约从1975年起,关于第138条的问题,主要是**高利息消费者信贷**。这种案例大多不能满足第138条中关于剥削的要求,或者至少不能证明这一点。对此人们称之为"**类暴利行为**",并动用了第138条第1款。这种情形当然需要符合给付和对待给付的不对称,但还必须满足额外要求。如果约定利息超过了特定指导性利息大约100%,在《联邦最高法院民事裁判集》第80卷第153页就可以看到如下内容:贷款人至少是轻率地不了解借款人"仅仅由于其经济上的弱势地位"才同意接受这个高利息就足够了。因此,这种窘困境地是推定的(如联邦最高法院:《新法学周刊》,1984年,第2292页),它可能几乎没有受到过反驳。因此,司法裁判几乎是完全抛弃了不相称之外的其他必要构成要件[参见科齐奥尔(Koziol):《民法实务档案》,第118卷,1988年,第183页]。第488条以下并不包含关于最高利息的规则。

七、自始不能

105 根据旧文本第306条,指向**自始**客观**不能的给付**的合同无效。根据旧文本第307条对此至少还需要考虑对消极利益的损害赔偿请求权。但是,该规则却由于重要的例外而被突破。例如根据旧文本第437条、第440条,出卖不存在的债权是有效的,出卖人因不清偿而应当进行损害赔偿(也就是积极利益)。实际上该规则如今表现在第311a条;当然,根据第275条,不能请求不能的给付(或者,该项请求权存在抗辩权)。但根据第311a条第1款,该合同有效。因此,如果债务人知道或者必须知道给付的障碍,根据第311a条第2款,债权人代替不能的给付的损害赔偿(或者根据第284条主张费用赔偿,参见下文边码150)。

八、其他无效事由

除了上文提到的以外,还存在其他一些无效事由。总则中有第105条第2款(暂时精神错乱人的意思表示)、第116条第2款(明知的保留)、第117条第1款(虚伪行为)和第118条(戏谑行为)。只涉及债务合同的则有第311b条第2款(关于将来财产的合同)、第311b条第4款(涉及生存第三人遗产的合同)和第344条(对无效给付允诺的违约金;第1297条第2款构成一种特殊情形)。 106

第八节　整个合同的失效

有效成立的合同,只有在有效期间内才可以产生对清偿的原请求权。因此,需要考虑该合同是否已经失去了其效力。它可以基于多种事由而产生。 107

一、撤销

合同因撤销而溯及既往地失去效力[自始(ex tunc)],第142条第1款。对此需要有撤销事由[下文(一)至(三)]和撤销表示[下文(四)]。关于长期债务关系情形的撤销排除,参见下文边码122。

(一)错误

关于错误可以想到很多情形,但只有少数可以撤销。第119条、第120条对此进行了限定;特别有意义的是**排除动机错误**。对《民法典》所肯定的错误撤销事由,可以如此描述:表意人所做出的表示不具有其表示按照规范解释对受领人所具有的意义(参见上文边码56)。这又包括如下亚类型:

1. 实际所表示出来的并不是表示符号应当表示出来的（第119条第1款第1句第2种情形）。例如，“口误”（Versprechen）和“笔误”（Verschreiben）（**表示错误**）。第120条中**误传**的地位相同：受领人收到的表示符号不是表意人想要使用的（或者表示符号到达其他受领人）。

108 2. 当事人想用的表示方式虽然表达出来了，但在规范解释上可能存在不同于表意人所意欲的含义（第119条第1款第1句第1种情形），如对数量单位含义发生的错误而产生的“震惊”（**内容或者含义错误**）。第119条第2款还提到“人”或者“物”的**重要交易性质错误**（性质错误）。在这里（人或者物）首先意味着表示相对人和合同标的（如果不存在物，可能就是诸如债权或者遗产等）。合同之外的人或者物通常不处于第119条第1款。存在争议的是该条文是否涉及内容错误，因为表示内容是通过性质确定的（弗卢梅持此见解），或者是否存在例外的重要的动机错误（拉伦茨持此见解，参见梅迪库斯：《民法总则》，边码767以下）。无论如何，通说认为，第119条第2款的适用范围因为物的瑕疵责任的优先而大受限制（参见边码130）。

109 3. 此外，人们还根据例如错误的内容或者发生错误的可能性等（法律效果错误、计算错误，参见梅迪库斯：《民法》，边码133以下）建构了**其他类型**。大多涉及的是第119条不曾涉及的动机错误。有时可以考虑交易基础欠缺规则（参见下文边码195）。

110 4. **继承法**中的法律状况则完全不同于生前合同：根据第2078条以下、第2281条以下，由于动机错误或者不特定期望的落空等，都可以进行撤销；第1949条仅有动机错误而不需要其他要件即导致不生效力（参见梅迪库斯：《民法》，边码146以下）。条件如此宽松是比较合适的，因为信赖继承法上取得的保护必要性较弱一些：这种取得一般是无偿取得，因此通过继承合同而受拘束的被继承人生前还可以继续进行处分，参见2286条以下。连已经承担义务的受益人也不知道将来会得到什么。

(二)恶意欺诈

因恶意欺诈而撤销(第123条第1款第1种情形)并不是按照 111
错误类型区分出来的,因此也包括了所有动机错误。但它也引起了其他一些问题。

1. 例外首先体现在雇员对雇主的(不合法)问题**回答不真实**的情形(梅迪库斯:《民法总则》,边码792以下),如政党归属问题。就是否怀孕进行提问的合法性也值得怀疑。对于不合法问题甚至不能因为虚假回答而撤销。

2. 相反,有些情形自动要求必须进行说明;否则可能因**沉默**构 112
成**恶意欺诈**。例如,二手汽车交易中说明该汽车此前所受使之看起来像"事故车"的严重损害的义务。

3. 如果沉默人并不了解其说明义务,人们当然会怀疑这种情 113
形实际上是否存在恶意欺诈。它对实务的帮助在于,这种情形可以肯定**缔约过失的损害赔偿请求权**。轻过失违反阐明义务应当根据第249条发生废止因未阐明而成立的合同的义务。由于期间不同,这种设计无疑会引起不一致。根据第124条第1款撤销,除斥期间为1年,自发现欺诈时起算;而缔约过失的损害赔偿请求权一般经过3年消灭时效期间届满,自确立该请求权和知道或者因重大过失不知道被欺诈当年结束开始起算,第195条、第199条第1款。尽管如此,司法裁判还是肯定了由于简单过失所致财产损害而发生的长期时效的损害赔偿请求权竞合(参见梅迪库斯:《民法》,边码150和下文边码220)。

4. 与第123条第2款相联系还会产生其他问题:"第三人"实 114
施欺诈的,该行为仅在表意人知道或者应当知道时才能归于表意人?司法裁判严格限定"第三人"并特别适用于表意人的辅助人:表意人知道或者应当知道该欺诈时,该欺诈对表意人也发生效力(参见梅迪库斯:《民法》,边码149)。

(三)不法胁迫

115 因不法胁迫而撤销(第123条第1款第1种情形)存在以下问题:毫无疑问,采用违法手段(如痛打一顿或者强行取走某物)或者为了违法目的(如提供麻醉品)实施的胁迫违法。相反,对于什么时候**目的—手段—关系**可以表现出违法性,也就是什么时候合法手段(如告发刑罚)不可以威胁到合法目的(如被胁迫人所受损害),则存在疑问。《联邦最高法院民事裁判集》第25卷第217页有一个例子:债权人威胁妻子,如果妻子不为丈夫的债务提供保证,就告发丈夫的欺诈行为;这种情形的违法性将被否定,但在特定情形下可以解除该合同(详细内容,参见梅迪库斯:《民法总论》,边码818以下)。

(四)撤销表示

116 撤销事由发生效力,必须要撤销权人表示撤销。该表示在合同中需要对另一方当事人做出,第143条第2款。在第119条、第120条所规定的情形中,表示只需要在发现错误后不迟延就可以了,当然还需要在适当时间发出,第121条第1款。对于第123条规定的情形,取而代之的是1年的期间,第124条第1款。所有撤销在10年后均被排除,第121条第2款、第124条第3款。对于第123条,当然可以基于第853条主张侵权行为取得债权的抗辩权。

根据第119条、第120条进行撤销,基于第122条还产生与过失无关的损害赔偿义务。这是一种**基于意思表示的诱因责任**:撤销人因其看起来没有错误的意思表示致使相对人有了一种信赖投入。

二、解除

(一)功能

117 解除将合同改变为一种返还之债的关系。这就使已经交换的给付产生了一种返还请求权和赔偿请求权(参见下文边码180以下）。这里仅侧重于解除的另一方面，即尚未清偿的**合同原请求权结束**。该效力不言自明，因此《民法典》没有把它说出来（参见如第346条）。

与此同时，尽管合同已经解除，已经产生的合同的**次请求权**仍然存在，即清偿利益之外的损害（也就是附带损害）所涉及的请求权；参见诸如《联邦最高法院民事裁判集》，第88卷，第46页：催告费用和迟延利息；现在根据第325条，在双务合同中，对清偿利益的请求权并不因解除而排除。

（二）解除事由

1. 解除权可以因**约定**而产生，也就是在合同中有所保留。使 118
用一般交易条件的情形，使用人保留无疑受到一定限制，第308条第3句。

2. 不同于《债法现代化法》之前的法律状态，现在第346条以 119
下对于该解除保留与法定解除同样对待。关于特别规定，对于法定解除仅在第346条第3款第1句和第347条第1款第2句才有，对保留解除仅在第350条第1句和第353条第1句才有。

3. 尤其重要的是**买受人基于物的瑕疵的解除权**。对此应讨论 120
以下几点。

（1）必须存在**物的瑕疵**。根据第434条，物的瑕疵是指所交付的物的实际性质与应有性质相比具有不利于买受人的一种偏离。物的应有性质，既可以根据第434条第1款第1句基于约定判断，也可以根据第2句基于对物作为合同前提的或者通常的使用的合意进行判断。根据第3句，应有性质（如汽车的耗油量）也可以由广告确定；当然，该广告通常不是出卖人自己做出的。根据第439条第3款，给付他物（aliud）（根据通说，特定买卖中交付其他性质的物，即交付买卖标的物之外的其他物，也包括在内）和不足量交付［“部分”（minus）］均被认为存在瑕疵。

（2）出卖人通常对此还有**继续清偿**的机会，第439条（所谓二次供应的权利)。这项机会因为买受人选择修理已交付物或者另行交付无瑕疵的物而存在。如果买受人选择继续清偿的种类可能使出卖人负担不合理的费用,出卖人就可以拒绝该选择,第 439 条第 3 款。因此,在交付的洗衣机存在缺陷的情形中,若可以用较低费用就消除该缺陷,出卖人就可以拒绝另行交付一台新洗衣机。在修理这种情形中,买受人必须容忍出卖人试两次,第 440 条第 2 款。

(3)第 323 条规定的(因给付不符合合同的)**解除权**要求买受人继续清偿请求权落空:继续清偿或者是给付不能(第 275 条),或者是不成功(第 440 条第 1 句与第 2 句二选其一),或者出卖人拒绝(第 440 条第 1 句或者第 2 句二选其一),或者买受人对此不可期待(第 440 条第 2 句或者第 3 句二选其一,因为持续时间过长)。根据第 323 条第 1 款,这些情形通常不必确定期限,第 440 条。

(4)买受人不得根据第 441 条选择**减价**以代解除。如果出卖人的义务违反并不显著,如何选择由买受人决定,第 323 条第 5 款第 2 句、第 441 条第 1 款第 2 句。

(三)排除解除权

121 1. 现在与《债法现代化法》之前的法律状况(旧文本第 351 条)不同,如果应由解除权人提供的标的物灭失或者重要毁损应归责于该人,不再排除解除。这种情形下,如果权利人没有尽到在自己事务中的通常注意,一般会发生价值赔偿或者损害赔偿义务,第 346 条第 2 款、第 3 款第 1 句第 3 项。相反,如果他已经尽到了通常注意,就仅对现存得利承担责任,第 346 条第 3 款第 2 句。

122 2. 如果不良给付仅仅是债务人**轻微违反义务**,也排除解除,第 323 条第 5 款第 2 句。

3. 有些**法定持续性债务关系**(劳动合同和合伙)执行中,无疑也排除解除(同样也排除撤销):按照习惯法这里取而代之的是只向将来发生效力的通知终止(参见下文边码124和梅迪库斯:《民法》,边码193)。

(四)解除表示

根据第349条,解除通过需受领的意思表示而行使。这样形成的法律状态(自然没有溯及力)与撤销表示相似(参见上文边码116)。 123

三、通知终止

不同于解除,通知终止并不导致整个合同回复原状:在其有效期间已经提供的给付不能请求返还;只要过去的给付仍然拖欠着(如未结清的劳动报酬),对此就仍然负担义务。通知终止适用于有一定时间范围的合同,尤其是持续性债务关系。 124

(一)通知终止的种类

1. 持续性债务关系(如使用租赁、借用、雇佣合同、合伙)可以经过一定期间而结束。此外还可以通过**正式通知终止**而结束。这种情况一般不需要通知终止事由,因为不特定(不是永久)时间范围的约定中就已经许可了结束的可能性。法律对这种通知终止的生效大多规定了一个期限:通知终止相对人可以对因通知终止而发生的新法律状况有所适应。

2. 持续性债务关系也可以因为特定时间经过而结束(如租期5年的使用租赁,参见第550条的形式规定)。如果一方当事人认为必要,可以提前终止该合同。对于因特定时间而订立的合同,立即生效的(即时)通知终止同样是必要的。这样一项**非常通知终止**与当事人约定相矛盾,因此需要一定的事由。这种事由可以由法律具体规定;但一定是**比较重要的事由**。有了这种事由,合同结束就很急迫,而不能预期有通知终止期限;因此,非常通知终止是**即时的**。人们认为,在持续性债务关系中因重要事由而通知终止的权利是**绝对必要的**。这种权利特别存在于法律规定的某些合同类型中(如第626条、第723条第1款第2项、第3项);《债法现代 125

化法》之后,它的一般性规定表现在新文本第 314 条。

126 3. 无疑,受较新的且较强烈的社会利益指引的立法使得正常的通知终止与非正常的通知终止之间的区别相互混合:在最重要的两类持续性债务关系即劳动合同与房屋使用租赁中,即使正常的(附有期限的)通知终止也需要说明理由。在这一点上,劳动合同是由 1951 年 8 月 19 日《通知终止保护法》(KSchG v. 10. 8. 1951)规制的,房屋使用租赁是由第 573 条以下规制的。

即使出租人具有通知终止的理由,使用租赁关系也不会立即消灭。确切地说,如果这种结束对他或者与他共同生活的人带来特别的不便,使用承租人可以根据第 574 条的反对通知终止并要求继续使用租赁关系。只有存在非正常即时通知终止事由的情形,才排除这种反对(第 574 条第 1 款第 2 句)。

(二)通知终止事由

127 如上所述,通知终止所需要事由可以分为两种:

1. 第一类事由从义务违反出发,该义务违反对于另一方当事人严守合同而言显然是不能合理期待的。通知终止在这种情形所起的作用与其他情形中的法定解除相近(尤其是第 323 条、第 324 条、第 326 条第 5 项;参见上文边码 119),相关例证如第 543 条、第 569 条的使用租赁以及第 651e 条的旅行合同。

128 2. 第二类通知终止事由是从**关系改变**出发的。属于其中的,如房屋使用租赁中使用出租人的个人需要(第 573 条第 2 款第 3 项;但这里的通知终止是附期限的)以及第 605 条第 1 项的使用借贷。

与此相对,法律在第 649 条对于承揽合同例外地允许仅有定作人纯粹意思变动即可。但定作人同时还有义务在扣除因此节省的开支后支付对待给付。这种"通知终止"(第 649 条并不涉及持续性债务关系)同样使定作人在实质上免于在债权和受领工作物方面的义务。

（三）通知终止表示

与撤销和解一样（参见上文边码116、边码123），通知终止需 129
要一项指向合同另一方当事人并具有形成性的意思表示。在房屋使用租赁的情形，第568条要求一种形式。

四、合同解消（Vertragsauflösung）的其他可能

（一）解除合同（Wandlung）的实行和新的法律状态

根据旧法，在买卖和承揽合同中，解除合同不是形成权而是请 130
求权。解除合同必须首先提出请求。根据《债法现代化法》，解除合同被解除所替代，这也就像减价是形成权一样具有同样意味。由于只有请求权才能罹于消灭时效（第194条第1款），解除和减价并没有再出现于买卖法上的特别消灭时效（第438条第1款第1项并未提及第437条第2项！）。解除和减价的权利因时间而消灭，主要规定在第438条第4款、第218条第1款。按照该规定，如果买受人对事后履行的请求权（第439条）罹于消灭时效，解除（以此相适应的还有减价）应当排除。该消灭时效根据的是第437条第1项、第438条。第218条第1款第2句将该规则扩张到适用于根据第275条不能请求事后履行的情形（对事后履行的请求权并不存在，消灭时效也只是拟制的）。

（二）其他解消可能

除上列之外，还有其他解消可能。尤其应当注意的是当事人 131
可以**相互一致废止**合同。当事人还可以约定**解除条件**；条件成就，合同消灭（没有溯及力令人怀疑，第159条），第158条第2款。

新的消费者保护法引入了一项保护消费者的**撤回权**［尤其是《消费者信贷法》（VerbrKrG）第7条以下；《上门交易及类似交易撤回法》（HWiG）第1条以下；《远程条款法》（FernAbsG）第3条，现在的第312条、第312b条和第312d条、第495条］。对于这些情形，一般认为撤回期限届满之前合同效力待定。现在的第355条第1款则表述为，如果消费者按期撤回，对于旨在订立合同的意思表示,他就“不再受约束”。因此就可以得出一个联系:合同效力待定。与此相一致,第 357 条第 1 款第 1 句指示参照适用解除权。不过,第 357 条第 2 款、第 3 款规定的撤回的效果与解除的效果不尽相同。重要的首先是,经营者应当承担退还货物的费用,在价格超过 40 欧元的情形这是一项强行法,第 357 条第 2 款第 3 句。根据第 357 条第 3 款第 1 句,不同于第 346 条第 2 款第 1 句第 3 项,消费者有义务对使用该物而发生的价值减损给予价值赔偿。当然,该项义务以一种较为荒诞的方式与通常有些不知所云的教训联系到一起(即局限于在撤回期间不要使用标的物的建议)。

第九节　有效请求权的消灭

132 即使整个合同没有消灭,有效的原请求权也可以消灭。对此可以有多种事由。

一、清偿

如果所欠给付向债权人提供,根据第 362 条第 1 款,债务关系(这是在“债权”的意义上)消灭。这种被动的表达没有提到债务人,是因为非专属于某人的给付义务可以由**第三人**为债务人而提供,第 267 条以下。

对非债权人的给付,如果得到了债权人的允许或者追认,也可以构成清偿,第 362 条第 2 款、第 185 条。可以构成受领授权的权利证书包括:第 370 条的(真正)收据;第 407 条至第 409 条的未通知的让与或者不正确的让与通知;第 793 条第 1 款第 2 句、第 807 条、第 808 条第 1 款通过票据,第 893 条通过土地登记,第 2366 条以下通过继承证书而使受领人具有正当性。关于其详细内容,参见梅迪库斯:《民法》,边码 751 以下。对非权利人提供这种清偿性给付所产生的其他法律效果,第 816 条第 2 款有所体现,参见下文边码 399：受领人必须将该给付向债权因而消灭的债权人返还。

所欠给付之外的其他给付经债权人同意可以发生清偿的效力，第 364 条第 1 款（**清偿替代**给付）。通过债务人接受一项新债务（如票据债务）的方式无疑会产生这种效力，第 364 条第 2 款。这时，旧债之外还存在新债。无疑，根据当事人意思，债务人通常先努力清偿新债，以寻求消灭票据。至此（也许要等到退还票据），债务人可以基于移交新债权的合同而寻找抗辩权以对旧债权予以防卫。

二、抵销

抵销是最重要的清偿替代，第 387 条以下（第 372 条以下的提 133
存几乎没有任何意义）。抵销通过需受领的意思表示进行，第 388 条；它会导致两项债权溯及既往消灭（第 389 条）。

对于抵销人的好处在于，在没有法院和强制执行机构帮助的情况下实现其债权，这种实现迅速而且是免费的。在债务人支付不能程序中，一般也可以进行抵销，《支付不能法》（InsO）第 94 条：抵销人获得不仅仅是一定份额，还可以全部免除。由于这一优点，《民法典》在抵销表示之前就已经开始保护取得纯粹的抵销可能（**抵销诉讼**）。第 392 条、第 406 条和其他条款都表明了这一点。

三、给付不能

（一）《民法典》第 275 条

如果给付义务对于债务人或者对于任何人都是不可能的，给 134
付义务也会被否定。第 275 条第 1 款中并没有区分自始不能和嗣后不能、主观不能和客观不能。此前，旧文本第 275 条仅将嗣后不能作为消灭基础（只要给付……成为不能）；旧文本第 306 条则将自始客观不能作为生效障碍，对自始主观不能根本就没有规制。

当然，新第 275 条进行了**另一种区分**：只有在提供给付不再有任何意义的情形下，根据第 275 条第 1 款才自动排除给付义务。

如果债务人可以提供给付但并不符合债务要求的费用,第 275 条第 2 款,债务人就只能享有抗辩权:如果某船舶,也就是应当交付的机器,沉入水中,出卖人一般不需要想办法打捞该船舶或者机器。新第 275 条第 2 款因此只提供了一项抗辩权,因为债务人自己要决定,他是否需要用过多的("超过债务的")费用提供该项给付。他感兴趣的也许在于获得对待给付或者证明自己有特殊的给付能力(如在建筑计划中)。根据第 275 条第 3 款,在需本人提供的给付中,对于抗辩权,(经过权衡判断的)不可期待性就已经够了(例如,如果女歌手的孩子生了重病或者去世了,就不需要登场演出)。

(二)界限问题

135 对于不能的界限问题,则不大有把握。对此曾经讨论过不能与纯粹的**暂间性给付的障碍**,后者在必要时意味着债务人迟延。例如,债务人可能因为仓库失火而不能交货。如果债权人的等待是不可期待的,就可以认为存在不能。对此参见梅迪库斯:《民法》,边码 2991。

另外一个较大的争议是真正的不能和纯粹的给付困难之间的界限所引起的,后者意味着交易基础的瑕疵或者消灭。基础障碍主要存在于合同的实质性情事的变化,或者当事人期待落空,第 313 条第 1 款和第 2 款。属于交易基础的,尤其包括给付和对待给付之间的相当性;由于给付涨价或者对待给付贬值,如通货膨胀,交易基础就可能被破坏。不能则是通过债务人的"给付避免利益"与债权人的给付利益相互权衡表现出来的,第 275 条第 2 款第 2 句。

这种区别体现在法律效果中:如果约定将货物运送到外国是允许的,也是可能的;但如果要通过一个爆发内战的国家,就会具有不可期待的危险或者费用昂贵。如果认为这种情况是一种不能,给付义务就会消灭,而交易基础消灭通常只会导致合同调整的法律效果。

(三)种类之债

如果某人仅是按照特定的物的种类而负担债务,具体化(集中)变为不能就具有意义:如果债务人不是简单地从其存货中交付,种类之债通常是置备之债(参见梅迪库斯:《民法》,边码256)。因此,只要债务人有能力置备,清偿通常无论是在主观上还是客观上都是可能的;债务人为清偿而置备的物品灭失并不重要。债务人一旦做了对清偿而言他那方面所应该做的,就会发生改变(第243条第2款,梅迪库斯:《民法》,边码258以下):债务此后仅限于所置备的(必要时是已经寄送或者提供的)特定物。如果该物灭失,债务人不需要重新置备。根据正确的观点(参见梅迪库斯:《民法》,边码262),债务人在这种情况下也可以再行置备以获得对待给付。 136

例如,甲自乙处订购了燃料油(赴偿之债)。乙愿意交货,但甲却未开门。返程途中,乙的储油车因事故受损,油流了出来。如果这种情况下甲构成债权人迟延,乙通常可以要求按照第326条第2款第1句规定的第2种情形要求为这些油付款(参见下文边码138)。如果不构成债权人迟延(如由于第299条)或者债务人对该事故可以归责(请注意第300条第1款,参见下文边码163),乙为获得买卖价款,就必须另行交货:即使甲已经另外得到了油,仍然可以允许他主张特定化。

四、对待给付不能

(一)《民法典》第326条的规则

如果双务合同中(指向金钱的)给付义务是可能的,也可以由于不能而消灭。第326条第1款第1句将给付和对待给付的法律命运联系起来:如果给付由于不可归责于当事人的事由成为不能,对待给付消灭。这里表现的是**功能性双务合同**(参见梅迪库斯:《民法》,边码218以下):由于双务合同中任何一方当事人允诺给 137

付,旨在获得对待给付,因此,对合同一方发生的不能必然也会对另一方发生效力。最后,它还是从关于双务合同的一个简单明了的原则出发的:没有给付就没有对待给付。

第 326 条第 1 款第 1 句的效力立即发生,尤其是不需要当事人的形成性意思表示。此外,第 326 条第 5 款还使得债权人可以即时解除。这涉及第 326 条第 1 款第 2 句:事后清偿不能,债权人(除减价外)还可以解除。如果债权人已经提供了他所允诺的给付,他可以根据解除权(第 346 条以下)主张返还,第 326 条第 4 款。

(二)例外

138 如果不能再提供给付并且没有什么替代可供考虑,在特殊情形下对待给付仍然负担。

1. 最一般的情形是第 326 条第 2 款第 1 句第 2 种情形:给付不能发生在债权人**受领迟延**(第 293 条以下)期间。如果没有债权人的障碍,债务人就已经清偿,并因此而取得对待给付。第 326 条第 2 款第 1 句第 2 种情形表明,债务人在没有债权人迟延时会如何。这种情形下,债务人可以要求对待给付(扣除掉所避免的费用),而不论他自己是否还需要给付。人们这样说:债权人迟延同时使得**对待给付(价金)风险**转移到债权人。这就意味着,对不能再提出请求的给付必须进行支付。

139 2. 这种对待给付风险的转移也可以规定**在具体情形**。最重要的情形是第 446 条:买卖中,对待给付风险随着交付买卖标的物于买受人而转移,因为这就将风险转移到了买受人的范围。这样,在诸如分期付款的情形,买受人仍然负担尚未支付的分期付款货款;如果标的物在他那里(尽管可能他没有任何过失)灭失,他就不能再取得所有权。

对待给付转移的情形还体现在第 447 条(发送买卖,对此参见梅迪库斯:《民法》,边码 275)、第 615 条以下(劳务权利人限于债权人迟延者必须支付报酬，尽管他不能再请求该劳务）；属于这一类的还有《民法典》第644条、第2380条，《强制拍卖法》（ZVG）第56条第1句。

第615条、第644条规制的除了对待给付风险外还有**给付风险**：这些风险同样存在于债权人。如果嗣后提供了或者取回了该项给付，债权人也不能再请求该项给付。因此，如果某个钢琴教师徒劳地提供了给付，根据第615条所缺的课时也就不需要再补上。根据第644条第1款第2句、第2款，经营者对灭失的工作不需要重新提供，即使这样做是可能的也是如此。

五、其他消灭事由

（一）债权可以通过**免除**消灭，第397条第1款，**否定性债务承认**与免除相同，第397条第1款。根据合同原则（第305条），对此需要债权人和债务人之间有合同关系。现实中的免除大多与债务承认一起作为和解的一部分：它们属于一种“相互让步”，第779条第1款。 140

（二）如果债权人和债务人的角色同归于一人，债务关系也可以消灭（**混同**，如通过继承），这在《民法典》中是不言自明的；因此没有明确规定该规则。属于其中的，如第1976条：如果继承人想将其对遗产债务的责任限制在遗产范围内，就必须将遗产作为独立的责任财产，因而需将遗产与自己的财产分开。因此，在遗产管理或者遗产支付不能的情形，就只能虚构遗产的债权与遗产之间（或者反过来）的一种混同。 141

（三）**更新**是以合同的方式使一项债权代替某项债权。因此，原先存在的债权消灭。 142

（四）第281条还有一种（较复杂的）债的消灭事由：给付存在障碍的债权人根据该规定发生损害赔偿，在一定前提下可以根据**差额理论**而获得所谓的小损害赔偿。如果债权人愿意将其损害赔偿请求权结算，就可以不再提供他所允诺的对待给付；对待给付的 143

债权也就消灭了。与差额理论相对的是赔偿理论;根据该理论,对所谓的大损害赔偿的请求权代替("赔偿")未发生给付的全部价值,因此所负担的对待给付仍然存在。

例如,尽管指定了延展期间,甲仍未向乙交付出卖的钢琴。根据第281条、第280条,乙对所发生的损害赔偿可以有两种方式提出主张:他可以主张不履行的全部损失(大损害赔偿,赔偿理论),但他必须支付买卖的价款;他还可以将买卖价款从其损失中除去,而只要求差额(小损害赔偿,差额理论)。买卖价款请求权通过结算而消灭。如果乙还没有支付价款,这显然是有意义的。根据第325条规定的解除的责任和损害赔偿,可以得出与差额理论相通的结论:不履行的损害赔偿降低到因为解除而不再负担的或者需要返还的对待给付的价值。

第十节　抗　辩　权

144　即使整个合同或者有效的债权没有消灭,也可能发生不能确定清偿请求权的结果:债务人可以通过给付拒绝权(抗辩权)进行抗辩。这种抗辩权可以是永久性的:持续性地妨碍主张请求权(如消灭时效,第222条第1款)。另一种抗辩权则只是延缓性的:只能在一定期间妨碍主张请求权(如第273条、第320条、第322条、第1000条第1句的留置权)。总共可以区分大约40种抗辩权。我在下文限定为对原合同请求权常见的三种(关于第275条第2款、第3款的不能所生的抗辩权,参见上文边码134)。

一、消灭时效

(一)期间与起算

145　一般消灭时效期间为3年(第195条),消灭时效从请求权发生并且债权人知道或者因重大过失而不知主张该权利所必需的情形之年的结束开始起算,第199条第1款。此外,第二项期间从请求权发生时起算，而不考虑债权人知道或者因重大过失而不知。根据第199条第4款，这种期间通常是10年，在损害赔偿请求权是10年或者30年，第199条第2款和第3款。这种长期期间从侵害权利或者从请求权发生开始起算（损害发生）。因此可能发生（如前所述）损害赔偿请求权在其发生之前就已经罹于消灭时效（有时间距离的侵权行为；例如，2002年所立遗嘱未生效，继承开始则发生在2035年）。

买卖合同和承揽合同的瑕疵期间则被大大缩短。它们一般只有2年（第438条第1款第3项、第634a条第1款第1项），并且从交货或者受领（第438条第2款、第634a条第2款）开始起算，而不考虑瑕疵是否容易为人所察觉。这样就会发生有瑕疵埋设的管道在受领后6年发生爆炸的问题。损害赔偿请求权发生之前，消灭时效早就已经结束：损害赔偿请求权绝不会罹于消灭时效（这对债权人具有实质性利益）。这仅涉及次请求权，对此参见下文边码157。

长期期间主要适用于土地交易的清偿请求权（第196条），并且在特定情形适用于非债法的或者经特别确认的请求权（第197条）。如果后来被有效确认的请求权最初适用了短期期间，就可以适用该期间。这样做合乎目的，因为在损害赔偿程序中，除可以请求已经发生的损害的赔偿外，还可以请求进行确定被告必须对将来的损害进行赔偿：这种情形应当适用第197条第1款第3项规定的30年期间。

（二）消灭时效停止与重新开始

停止的含义是从中止事由发生到结束的时间不计入消灭时效 146
期间，第209条；此后继续计算其余消灭时效期间。重要的适用情形是延期（第205条）和特定家庭法关系的确立（第207条），现在一般还有磋商进行，第203条。特殊的中止（第210条、第211条）发生在某些障碍结束后还有充分时间主张请求权的情形。

消灭时效重新开始(先前的中断)现在由第 212 条规制。其重要事由主要是债务人承认(如通过支付利息或者分期支付,第 212 条第 1 款第 1 项)和强制执行行为(第 212 条第 1 款第 2 项)。

二、一般留置权

147 第 273 条第 1 款涉及这样一种情形:债务人对债权人也有一项到期债权,这两项债权种类并不相同(否则简单的抵销就可以了,第 387 条以下)。例如,甲应当向乙偿还借用的图书,反过来乙应当向甲清偿所借款项。甲和乙都可以主张他们作为债权人所享有的债权。根据第 273 条规定的特殊前提,还可以有另外的可能:债务人对债权人的清偿主张可以主张其相对的债权,从而使两项债权同时得到清偿,第 274 条第 1 款。

当然,这种留置权的前提是两项债权"基于同一法律关系而发生"(**关联性**,第 273 条第 1 款)。这一点在判例中被广泛解释,即做"同一生活关系"解。对此,给付系基于同一无效合同而互相提供即可,通常当事人之间有经常性交易关系也可以。在第 273 条第 2 款规定的情形,关联性不需要特别检验(但要注意,第 273 条第 2 款并未对使用赔偿请求权提供保护!)。在上文提到的例子中,如果借钱与借书彼此毫无关系,就欠缺关联性。

如果"基于债务关系**产生其他关系**",就排除留置权,第 273 条第 1 款。与此有关的个别法律条文,如第 175 条、第 570 条,意定代理权结束后债务人可能滥用授权证书,对于使用承租人的请求权而言,房屋(或者土地、住宅,第 578 条)完全不相当。对此还有很多其他表明不应当有留置权的事由。例如,不相当性或者一般留置可以导致(部分)不能(如不作为中对违法行为的留置)的情形。因此,有义务容忍喧嚣的钢琴演奏义务的使用承租人不允许演奏到使用出租人完成其所欠修理为止。

三、第 320 条、第 322 条的留置权

148 在双务合同中,给付义务与对待给付义务结合得尤其紧密。

这一点在第326条第1款第1句就已经表现出来(没有给付就没有对待给付,参见上文边码137)。这种联系经由第320条扩张到对待给付虽然可能但却未收回的情形。这样就允许债务人拒绝给付。给付与对待给付之间的关联性在这里一直存在。第320条对此未曾提及并没有任何特殊含义。第320条第1款第3句曾经有所规定:据此留置权(不同于第273条)不能因为提供担保而不再适用。此外,第320条所规制的联系使得**债务人迟延的发生**变得更加困难:当事人一方对其所负担的给付可以陷入迟延,如果另一方当事人已经准备好了对待给付并且根据通说已经提供该给付。不过第320条集中到一种抗辩权。因此债务人必须主张该权利:它必须主张其义务系基于双务合同而生,对待给付尚未收回;否则就不能受到根据第322条所定限制的判决。

如果一方当事人应当先给付,就不适用第320条、第322条:因为这种情形下给付与对待给付之间的时间联系就消灭了。作为例外,根据对合同订立中对先给付义务人的给付能力的怀疑,先给付义务人就可以根据第321条拒绝该先给付(所谓**不安抗辩权**)。这就使得与该给付相伴的信用更加不安全。如果先给付债权人不能提供担保,他就只能得到同时履行判决,第322条。

第十一节　次合同请求权之一:损害赔偿

基于有效合同,不能仅考虑前述的主给付请求权。除此之外,149
或者说替代它们的,是次请求权。其中最主要的是损害赔偿请求权。

对于这种次损害赔偿请求权,除需要有效合同外,还需要**其他前提**:

(1)债务人必须违反义务,即他必须满足给付障碍的客观事实构成;

(2)债务人对于该义务违反,必须是可归责的;

(3)债权人因此而受有损害。

一、违反义务

150 违反义务可以存在于债务人不给付(对此参见下文边码150a)。债务人也可以给付过迟(下文边码151)。最后,第三种可能有某种给付,主要是不良给付(下文边码152以下)。

(一)不给付

150a 债务人给付到期但完全或者部分没有提供,可能有**不同事由**:债务人可能否认其义务;他可能主张给付不能;他还可能完全不予表示。在所有这些情形中,债权人都可以诉请清偿。这种诉讼只有在债务人证明了给付不能后才不会有结果;这里表明了**不能的解脱功能**(参见上文边码134)。但只有在其他两种情形债权人才会有兴趣转而主张损害赔偿请求权(这可能是因为它们作为货币请求权在强制执行方面较为容易)。

根据第280条第3款、第281条第1款,对债务人指定**合理期间**而无结果,即可实现这种转变。在不能或者债务人给付(清偿)拒绝的情况下,指定该期间并无意义且因此而不必要,第283条、第281条第2款第一种情形。对于损害赔偿请求权,还有其他前提,债务人对于该不给付应当是可以归责,第280条第1款第2句。与此相独立,债权人可以根据第323条解除双务合同。在不能的情形下,对待给付的义务无一例外地消灭,第326条第1款第1句(参见上文边码137)。只有在事后清偿不能的情形,根据第326条第1款第2句、第5款才要求解除(因为债权人在很多合同中可以选择减价)。

根据第280条第1款、第3款,第281条,第283条所欠的赔偿称为**代替给付的损害赔偿**(先前称为:不履行的损害赔偿)。这种损害赔偿意味着先前所谓的积极利益:债权人应当最终处于正常提供给付的状态。他由于不给付没有获得什么(所失利益,第

250 条)，可能比较难以证明。对此，从帝国法院开始的判例就开始借助于**营利性推定**：在双务合同将(可以反驳地)推定，给付完成至少将赔偿给付受到障碍的债权人所支出的费用。因此，代替积极利益可以主张属于消极利益(参见下文边码 173)的损害费用。

如果债权人并不追究经济目的，即不追求任何营利性，则不能承认营利性推定[参见《联邦最高法院民事裁判集》(BGHZ)，第 99 卷，第 182 页，"市政大厅案"(Stadthalle)]。《债法现代化法》第 284 条对此有所帮助：债权人可以不请求代替给付的损害赔偿而请求赔偿这种"因信赖获得(债务人)给付而支出的且合理支出的"费用。因为买了机动车而承租车库的人，如果债务人没有交付该车，就可以请求赔偿由承租车库而产生的费用。

关于不能的**前提**适用上文边码 134 对第 275 条的论述。在种类之债或者给付劳务之债中最可能考虑到不能：标的物灭失、劳务义务人死亡。而货币之债一般不存在客观不能，主观不能(债务人就是没钱)只是在强制执行中根据《民事诉讼法》第 811 条以下才予以考虑；货币瑕疵也没有过失可归责。在种类之债，大多是根据具体情况考虑嗣后不能(参见上文边码 136)；债务人一般要承担置备风险(参见代替被废止的第 279 条和第 276 条第 1 款第 1 句)。

(二)迟延给付

1. **债务人迟延**是由于给付迟延而成立的义务违反的最重要情 151
形。它只存在给付还有可能的情形；否则根据第 275 条根本就不再负担该给付。只是给付可能但却停止给付还不够。根据第 286 条第 1 款，还需要债权人在债务到期后的**催告**。根据第 286 条第 1 款第 1 项，该催告可以由当事人协商确定日历上规定的特定**给付日期**代替。根据第 286 条第 2 款第 2 项，与某事件相联系的日期也可以。因此，该条文中现在还包括了(经常有)诸如"算清账目之后 2 周”或者“交付后”的日期协议。

从 2000 年 5 月 1 日起,旧文本第 284 条第 3 款第 1 句对于货币债权而言完全失败了:债务人迟延不再是由催告或者以日历方式协商确定的支付日期所引起。确切地说,债务人“到期或者账目到达或者等值的支付请求后 30 日”即限于迟延。支付就不再是一种加速,而是使之真正迟延。新第 286 条第 3 款修改了该缺陷:30 日期间经过现在对无偿债权构成一种**附加迟延事由**(对于那些没有敢于催告的债权人而言是这样的)。

152 2. 根据第 280 条第 2 款、第 286 条所负担损害赔偿金涉及给付之外的**迟延损害**。如果债权人主张**代替给付的损害赔偿**,就必须在迟延之外附加其他要求。债务人为准备给付可能已经投入了很多货币和辛劳;因此,只有在严格的前提下才可以进行这种改变。

(1)根据第 281 条第 1 款第 1 句,债权人必须先为债务人提供给付确定一个**合理期间**。只有在其间经过而无果的情形,债权人才可以请求代替给付的损害赔偿。如果他这样做,债权人对主给付的请求权就被排除了(第 281 条第 4 款);在提出该请求之前,债权人还可以请求该给付(和迟延损害)。不同于旧法,拒绝警告不再是必要的;同样也不再需要债权人因迟延而丧失对给付的利益。

(2)第 281 条规定的代替给付的损害赔偿同样适用于**双务合同**。如果债务人指定的期限经过但无结果,债权人当然可以根据第 323 条的规定由于未给付而解除合同。这种解除权并不要任何债务人迟延:债权人可以使未受清偿的合同消灭(且尽可能在别处有所准备)。这并不取决于债务人对不给付是否应当归责。相对于旧《民法典》,新法对此有明显改进。

153 (3)代替给付的损害赔偿和解除有时甚至连**指定期限**都不需要。第 281 条第 2 款、第 323 条第 2 款决定了其**多余性**。可以作为与第1项相一致的情形的是严重并且不可更改地给付迟延：如果债务人对其给付义务根本不做争论，如果是前后一致，他在期限内也不会给付。第323条第2款第2项将**定期行为**从旧文本第361条中拿出来。指定期限并不必要的另一项理由似乎体现在第281条第2款、第323条第2款第3项，“权衡双方当事人利益的**具体情形**”以决定是立即主张代替给付的损害赔偿还是解除。在这里可以想起因为水管破裂而被叫来并且答应了要来的白铁匠。

（三）其他义务违反

1.旧《民法典》没有明确将不良给付作为不能和债务人迟延 154
之外的给付障碍的一般形式加以规制。通说认为这是一个法律漏洞，习惯法用积极侵害债权（不良给付）制度加以填补：它在这里意味着既不导致不能又不仅仅是给付迟延的任何义务违反。如果这样理解积极违反合同，它就只能是辅助性的，因此，首先需要考察不能和债务人迟延。

2.积极违反合同可以分为两类，这种区分在《民法典》中也可 155
以看出来：

（1）第一种情形，义务违反侵害了债权人的**给付利益**。这种侵害在不给付和给付迟延中也同样存在。给付利益一般可以由于**不良给付**而受侵害：债权人可能因为买受的机器存在瑕疵而不能使用该机器（参见第434条以及上文边码120）。这种情形还可能侵害债权人维持其既有法益和利益的**完整利益**：债权人由于有瑕疵的圆锯伤害到自己，或者由于有毒饲料而伤害到自己的牲畜。这里并不存在给付拒绝或者迟延，而只存在由于瑕疵给付而产生的**附带损害**。所交付之物或者所提供的工作存在瑕疵构成不良给付的主要情形。

对于这种情形，旧法有特别规则，旧文本第463条、第480条 156
和第635a条。该项请求权经过一个特别短的期间而罹于消灭时效（旧文本第477条、第638条）。这就产生了竞合问题，因为积极违反合同产生的赔偿请求权适用一般(旧文本第 195 条,30 年!)消灭时效。由此产生的瑕疵损害和(或近或远的)瑕疵结果损害之间的区别既没有明确区分又没有在结果上表现出来。正如我在第 4 版边码 157 结尾所讲的那样,这是我们的债法特别需要改革的一个特点。

该项改革是《债法现代化法》最重要的成果之一:“义务违反”构成一个上位概念,不良给付也包括在其中。因此,第 280 条第 1 款中的损害赔偿义务较为合适。只要请求代替给付的损害赔偿,第 281 条第 1 款就是合适的(债务人提供给付“不符合所负担的”)。同样,第 323 条中的解除也是合适的(债务人提供给付“不符合合同”)。不同于旧法,不良给付的后果直接从法律条文中就可以推导出来。因此,旧文本第 463 条、第 480 条第 2 款、第 635 条就是多余的并且被删除了。

157 (2)另外一种债务违反并不指向给付本身,而是指向提供给付的状况。例如,油漆工由于动作笨拙而用梯子打碎了定作人的瓷器。法律文本认为这种情况根据第 241 条第 1 款是违反(保护)义务。**给付之外的义务违反**所损害的自然不是债权人的给付利益。但是,它也会给债权人带来损害(根据第 280 条第 1 款赔偿),由此可能导致的是根本不可能期待债务人自己会完成该给付。因此,第 282 条规定了代替给付的损害赔偿,第 324 条规定了解除权。这种义务违反现在受到了法律的充分规制。

二、可归责性

158 如果想要前述义务违反产生损害赔偿义务,通常还必须要可归责于债务人(不同于解除,第 323 条!)。

(一)规则:对自己过错的责任,第 276 条

根据第 276 条第 1 款,债务人对自己过错的责任有两项前提:

1. 根据第 276 条第 1 款第 2 句所准用的第 827 条、第 828 条,债务人一般必须对损害负责(有责任能力的)。根据第 828 条第 1

款,未满 7 周岁的人尤其欠缺这种能力。相反,根据第 828 条第 2 款,限制行为能力人(直至 17 周岁成年)一般具有责任能力。如果对其行为欠缺“识别责任所必要的判断力”,就不再适用该规定。这就意味着一种相对的、涉及具体的年轻程度和具体侵害的标准:年轻人发展越慢、侵害越复杂,就越欠缺可归责性。第 828 条第 3 款很引人注目地没有要求(在刑法上是必要的)按照自己的判断力行事的能力;欠缺该能力可能会排除过失。

只要债务人因为没有责任能力而不能自己负责,根据第 278 条就应当考虑**对法定代理人的责任**(参见下文边码 162)。例如,某儿童因为不是由于自己的过错而是由于继承所得的承租房屋后来产生的瑕疵造成损害而不应负责,如果其父母对该房屋存在疏忽大意就应该承担责任。至于是否产生(第 276 条第 1 款第 2 句并未提及)根据第 829 条产生责任问题,存在争议。

2. 根据第 276 条第 1 款第 1 句,责任能力之外,一般还存在**故意或者过失**。(法律并没有定义的)**故意**在民法上意味着知道并且愿意违反义务;对于义务的错误排除了故意。在第 276 条第 2 款中,**过失**被描述为客观上欠缺交易中必须的注意。根据通说,关于具体债务人的给付能力原则上不予考虑。例如,代理人在诉讼中关于抵押权的错误不能因为他所听的物权法讲座可能从未讲到过抵押权而免责。确实有三种典型的给付能力有瑕疵的人:**儿童**(根据第 828 条根本不应归责)、**老人**和**残疾人**。 159

(二)第一种扩张:对履行辅助人的责任,第 278 条第 1 句第 2 种情形

1. 债务人可以避免对自己的过错的责任,所采用的具体方法是不自己清偿,而是通过辅助人进行清偿。第 278 条第 1 款第 2 种情形阻碍了这种免责:根据该条文字,债务人对于履行辅助人过错**按照与自己相同的过错**归责。准确地说,这并不取决于辅助人是否具有技术意义上的过错:因为只有债务人对债权人负担义务, 160

辅助人则不负担该义务，因此，很多情形欠缺这种技术意义上的过错。更准确地说，如果债务人自己像辅助人这样行事是否应当承担责任。因此，通过学徒而获取辅助劳力的某位师傅不会由于学徒训练水平较低而受到原谅。所以，辅助人的行为归于债务人，这就避免了通过提供劳务而使他回避自己应当承担的责任。

161 2. 第278条中的清偿辅助人必须是由债务人为清偿其债务而**参与**的。这种介入在清偿中需要满足保护义务（第241条第2款）。因此，对于与具体债权人的货物毫无关系的工人不慎失火而烧毁整个仓库的行为，保管人应当负责。相反，清偿辅助人（不同于第831条中的事务辅助人，参见下文边码325）既不取决于债务人指示，又不处于债务人预算中或者加入其营业。因此，由总承包人发展出来的独立分承包人就是总承包人的清偿辅助人。相反，货物的制造商在与买受人的关系上一般不是出卖人的清偿辅助人：出卖人只负担交付货物的义务，并不负担生产货物的义务。因此，就第278条规定的由于制造商的过错而发生的物的瑕疵，出卖人对买受人不负责任。与此相似的是，诸如铁路、邮政、发电厂等公共服务的经营者，并不需要置于第278条之下；因为从交易观点分析，这些经营者都从属于债务人。参见梅迪库斯：《民法》，边码803以下。

（三）第二种扩张：对法定代理人的责任，第278条第1句第1种情形

162 第278条提到清偿辅助人之前还提到了法定代理人：他的失误也应当归责于（被代理的）债务人。未成年人的父母属于这种法定代理人（第1629条第1款第1句，参见上文边码64；这种责任与第832条规定的责任不能相互替换）。当然，该规定还包括他人为债务人行事的其他情形。债务人在支付不能程序中依法由管理人代理（《支付不能法》第80条第1款），遗嘱执行中的继承人由遗嘱执行人代理（第2205条以下）。按照较为正确的观点，

这里还包括法人通过其机关而实现的代理。例如,社团和财团通过董事会的代理(第 26 条第 2 款、第 86 条第 1 句):第 31 条只适合于法定责任(尤其是侵权行为),而与代理无关(存在争议)。

如果社团董事会违反了有权利能力社团的合同义务,如约定到期日届至后(第 286 条第 2 款第 1 句第 1 项)未支付社团住所租金,社团仅因第 278 条支付迟延利息(第 288 条):对于第 31 条缺乏董事会对"所负担行为的损害赔偿"(董事会个人不是债务人,因此不能陷于迟延)。相反,如果是基于侵权行为,如董事会成员由于董事会过错而使其个人直接受到伤害,根据第 823 条第 1 款、第 253 条第 2 款,这通常是个人的,社团根据第 31 条承担责任。

(四)特别的责任标准法定变化

根据第 276 条第 1 款第 1 句,对于故意和过失的这种一般责任仅适用于"没有其他规定"的情形。法律在两个方向上包含这种不同规定: 163

1. 降低责任标准。《民法典》中规定了两种典型的情形:

(1)第一种情形,债务人仅就故意或者重大过失而被归责。例如,第 300 条第 1 款规定的债权人受领迟延,第 512 条、第 599 条、第 680 条规定的赠与人、出借人和紧急事务管理人(参见下文边码 235)。上列三种情形中,降低责任的根据是无偿性,债权人迟延时的根据则是若非债权人迟延债务人即已经清偿。

(2)第二类中债务人仅对"他在自己事务上应尽的注意"的照管(**自己实施的照管**)的疏忽而被归责。根据第 277 条,重大过失肯定应当承担责任。这种在自己事务上应尽的注意[diligentia (quam) in suis (rebus adhiberi solet)]的责任适用的情形包括,第 690 条(无偿保管)、第 708 条(合伙)、第 1359 条(配偶)、第 1664 条第 1 款(父母)和第 2131 条(前位继承人),现在还有《生活伙伴关系法》(LPartG)第 4 条。这些降低责任的理由大不相同,有些在法律政策上存在问题;第 708 条就不适用于包括无限合伙和两 164

合合伙的营利合伙(《德国商法典》第 105 条第 2 款、第 161 条第 2 款)。《债法现代化法》还引入了第 346 条第 3 款第 1 句第 3 项的返还义务责任(参见第 357 条第 3 款第 3 句中旨在保护消费者的撤回)。

165 (3)民法之外,《社会法典》(SGB)第 104 条以下也很重要:雇主对雇员在劳动事故中所受人身损害只有在**故意或者特定在途事故**(他在其中不应优于第三人)承担责任。《社会法典》第 7 章第 110 条以下对社会保险机构对事故引起人的追偿进行了一定程度的限制。在弱化责任中会考虑,雇主本人提供了为雇员投保的法定事故保险的保险金。一方面,这种保险并不包括抚恤金(参见下文边码 328)。另一方面,它并不以雇主过错为前提,也没有根据第 254 条由于雇员有过错而有所弱化。还有一点就是,根据社会保险而提供的给付在金额上有时会高于根据《民法典》的损害赔偿:社会法上标准的"取得能力降低"可以超过具体发生的工资降低。《社会法典》第 7 章第 104 条以下构成了民法与社会(保险)法之间最著名的交点。

166 2. 法律也可以提高责任标准。这一点与很多方面相联系。根据第 287 条第 2 款,债务人迟延甚至要对意外事件负责。第 276 条第 1 款第 1 句还提出了其他提高责任标准的情形,即承担担保或者置备风险。前者涉及先前旧文本第 463 条第 1 句中的**品质保证**;后者涉及置备之债,尤其是先前旧文本第 279 条规制的**种类之债**。第 276 条第 1 款第 1 句仅一般性地表明了旧(并且相关的)规则。**货币之债**也需要根据过错进行归责(先前经常类推适用第 279 条):如果未支付的货币债务人对其缺乏货币没有过失,他仍然限于债务人迟延。

(五)责任标准的合同改变

167 1. 在合同自由的框架内,责任标准也可以通过合同予以改变。第 276 条第 3 款无疑构成了一般性**界限**(债务人自己的故意)。

特殊的界限体现在各条文中，如第 444 条、第 536d 条、第 639 条（恶意，第 444 条还有担保）以及第 651m 条（根据第 651h 条还有责任降低）。这就涉及一般交易条款和消费者合同中事先形成的条款（第 310 条第 1 款第 1 句）、第 309 条第 7 项和第 8 项以及第 307 条第 2 款第 2 项。尤其是第 309 条第 7b 项远超出了第 276 条第 2 款、第 278 条第 2 句：一般交易条款使用人对非经营者（第 310 条第 1 款第 1 句）可以将其对辅助人重大过失的责任予以排除。根据《债法现代化法》新引入的第 309 条第 7a 项的规定，在发生侵害的情形，尤其是侵害有价值的法益（生命、身体、健康），甚至连轻过失的责任也不能限制。对于经营者，根据第 307 条确定责任排除对合同当事人的不相称性。

2. **加重责任**通过**个人合同**得以实现，尤其体现在担保承担上； 168
对此参见上文边码 166 对第 276 条第 1 款第 1 句的论述。无疑，限制对单纯置备事项进行保证是较为困难的，而且置备并不能消除担保责任（参见梅迪库斯：《民法》，边码 336 以下）。保证意味着债务人的担保意愿；债务人对于置备显然只能是知道的（误信是正确的）。

个人之间的**责任减轻**尤其是发生在考虑到**情谊**的情形，它既不构成法律行为（参见上文边码 85 以下），也不属于（不包含法定责任减轻）委托法。这种责任减轻在侵权行为的请求权的情形更为明显。例如，免费搭车或者看管他人的孩子，这些情形可能会发生第 823 条第 1 款规定的身体伤害的请求权。这种情形只是例外地承认推定的责任减轻约定（参见梅迪库斯：《民法》，边码 164）。此外，明知的风险承担从《联邦最高法院民事裁判集》（BGHZ）第 34 卷第 355 页之后大多被认为是第 254 条规定的与有过错（参见下文边码 178）。例如，同车人知道司机喝醉了或者甚至还没有取得驾驶执照。

（六）主张和证明责任

169 在不能和迟延的情形，如果债务人对给付障碍应当归责，债务人只需要进行损害赔偿。《民法典》对此采取了独特的表述：第280条第1款第2句对归责的要求有双重否定。这就意味着债务人需要主张和证明欠缺可归责性（例外，第619a中的劳动合同）。这背后隐藏的思想是：给付障碍的情形通常存在于债务人一方。因此，他就有可能说明这种情形；因此，他就应当承担不能说明的风险。对于不良给付（上文边码155），只要该障碍不是来自于债权人，这一点无疑同样适用；对于劳动关系，参见第619a条。

这里提到的主张和证明负担的分配在**书面劳动**中可能只有很小的意义。如果没有进行说明，问题就只出在争议事实上。很多情况下这些事项的实质内容并无争议（参见上文边码8）。只有在很例外的情形下才不一样，需要提出第280条第1款第2句所提的问题。

三、损害

170 除义务违反和应归责外，构成损害赔偿请求权还需要债权人的损害。根据第249条第1款，这种损害表现为**两种状态的比较**："应然状态"和"实然状态"；前者是指没有该损害结果的状态，后者是指现在的实际状态。根据所谓的**差额说**，应当从损害调查出发，从应然和实然状态之间的区别确定损害。由这种区别所引致的赔偿一般包括全部损害，它意味着包括了所失利益的全部赔偿（第252条第1句）。当然，这种简单的出发点由于很多补充性权衡而变得复杂化。以下对于所有损害赔偿请求权的思考独立于其权利基础，并不仅仅适用于合同请求权。

（一）自然赔偿与货币赔偿

171 除上文所提到的具有赔偿能力的损害的范围之外，第249条第1款对应当给付的赔偿还规定：其目的是回复到未受损害的应然状态。因此，债务人首先应当努力治愈受伤害的人或者修复受损害的物。当然，债权人可以根据第249条第2款自行回复，而向债务人主张必要费用。这两者都称为自然赔偿（或者自然回复、回复原状）。

回复原状规则有重要的例外情形：回复原状不可能、不足以赔偿债权人或者所需费用过高，第251条。这时债务人就必须或者可以对债权人"以金钱赔偿"。由于根据第249条也经常可以支付货币，第251条中应当给付的金额就应当有其他考虑：它不是（如第249条第2款）按照回复费用确定的，而是按照债权人**财产减损**确定的。

这种区别在**机动车受损**的情形表现得尤为清楚：按照第249条第2款获得赔偿的是修复费用，而按照第251条获得赔偿的是置备替代机器的费用[存在争议；联邦最高法院（BGH）认为置备是回复原状的一种具体情形]。尤其是在车辆本身已经老化且磨损相当厉害的情形，较之于另行取得一辆老旧程度相当的车辆，修复费用可能过高（这种情形可以考虑第250条第2款第1句）。司法判决中要求加害人支付的费用达到受害财产价值的130%；过高费用导致的结果是，加害人可以根据第251条第2款第2句选择一种较为合适的货币赔偿方式。对于动物的回复费用适用第251条第2款第2句则需要进行考虑：这种情形，赔偿回复费用同样可以考虑，即使该费用超过了为赔偿而置备的费用，后者甚至可能是免费的（如无主动物收留所！）。

（二）财产损害与非财产损害

1. 根据第251条进行货币赔偿的前提是，债权人财产受到减 172
损。人们称之为财产损害（参见第253条）。

但是，这个词具有（对于学生而言是很危险的）**双重含义**：尤其是在第823条第1款，它表示侵害财产，与侵害生命、身体、健康等相对。由于财产并不包含在第823条之内（参见下文边码351），第823条第1款所指的不是可赔偿的侵害。

有的损害并不直接涉及财产:受害人遭受痛苦;母亲因孩子死亡而悲痛;受新闻媒体攻击的人因怒生病。只要根据第 249 条第1款和第 2 款有可能回复这些非财产损害,就应当负担诸如镇痛药、安眠药的费用。第 249 条规定回复不能不予赔偿,第 251 条第 1 款第 1 种情形则规定了欠缺财产损害时如何处理。由此产生了**非财产损害不考虑金钱赔偿的原则**,这一点在第 253 条第 1 款中再次明确强调。

2. 该原则当然存在例外;最重要的例外就是第 253 条:根据该规定,侵害身体、健康、自由或者性自主决定"也"应当负担"以货币适当赔偿"。这里的"也"意味着慰抚金还需要其他请求权基础;第 253 条第 2 款所确定的只是已确定请求权之外的其他请求权的范围。

到 2002 年 7 月 13 日,慰抚金规定在旧文本第 847 条,因此需要一项侵权的请求权基础。因此,人们总是在合同损害赔偿请求权之外再考察侵权的请求权。现在该基础已经丧失,因为慰抚金规定在债法总则(第 253 条第 2 款)中,因此规制着所有类型的请求权。侵权法上的特殊之处体现在第 844 条、第 845 条规定的**第三人请求权**,这种请求权对于合同而言只在例外情形(第 618 条第 3 款)存在。除第 253 条第 2 款所规定的慰抚金之外,在危险责任领域还有许多特殊规定,如《道路交通法》(StVG)第 11 条第 2 句、《责任法》(HPflG)第 6 条第 2 句、《产品责任法》(ProdHaftG)第 8 条第 2 句。

对于无财产损害的货币赔偿的合同请求权,第 651f 条第 2 款例外地规定了因糟糕的假期产生该项请求权。从关于第 823 条第 1 款的司法判决发展出由于严重侵害一般人格权而对**慰抚**的货币请求权(参见下文边码 350 和梅迪库斯:《民法》边码 615)。通说认为,机动车使用丧失或者其他"对于生活状况具有一般且重要的意义的经济利益"[《联邦最高法院民事裁判集》(BGHZ)98,

212,如住房]都是财产损害。对于这里应当给付的货币赔偿,还有很多争议,参见梅迪库斯:《民法》,边码824以下。

(三)积极利益与消极利益

与第249条第1款中“引起赔偿义务的情况”相适应,可以对发生障碍的合同以不同方式观察。同样,可以确定债务人**不给付或者不适当给付**,即与**给付障碍**相一致。在这种思考中,债权人应当明确如何给付才符合债务要求:这是**代替给付的损害赔偿**(先前:由于不清偿),也称为积极利益或者清偿利益。人们可能早在**订立合同**时就已经看到了引起赔偿义务的情况。在这种思考中,债权人应当明确如果他没有信赖该合同有效又会如何。这就是消极利益或者**信赖利益**(或者失望利益)。 173

究竟赔偿哪种利益,由法律规定。一般来说,有效合同对应积极利益(如第280条、第311a条第2款),无效合同对应消极利益(如第122条)。定作人或者买受人在合同解除后的**无益合同费用**(如解除所涉及的不动产买卖做成证书所支出的费用)属于消极利益的一部分。司法判决通过**费用的营利性推定**将消极利益与积极利益联系起来;其地位现在很大程度上被第284条所采用(参见上文边码150a)。

(四)因果关系及其他归责因素

1.第249条第1款将损害界定为如果没有引起赔偿义务的情况就不会发生的一种不利。这就要求该情况与不利之间存在某种**因果关系**:如果不考虑该情况,也就不会发生该损害。如果考虑到符合义务的行为就不会发生损害,所未考虑者就相应具有一种原因性。 174

这种因果关系尤其是在**所失利益**的情形颇值怀疑。例如,对超过迟延利息的迟延损害进行赔偿(第280条第2款、第286条、第288条第4款)具有决定意义的是,像债权人使用了按时获得支付的金钱那样。第252条第2句对此(尽管使用的词句“适用”是可以反驳的)则有一个推定:只要根据具体情况没有其他预期,按照习惯做法就将具有或然性的预期利益作为所失利益。债权人也就不需要事后证明他已经实际支出了超过的利息。

175 2. 这种简单的因果关系将所有引起赔偿义务的情况的顺序同样处理(即它们是等值的)。这可能导致对全部可能的不利的赔偿义务的严重扩张。从债务人利益的角度出发,需要考虑三种**缓和性修正**。第一种体现在所谓的**相当性理论**:全部不可能的(不相当的)因果联系都应该不予考虑。另一种是从保护范围理论发展出来的(严格表述为:违法性联系):仅应当考虑还在保护范围但却受到加害人侵害的规范(或者合同义务)的顺序。归根到底,规范目的或者合同目的对于限制应当给付的损害赔偿应当是有用的。最后,第三种修正需要权衡该损害对于受害人是否属于他必须承担的**一般性生活风险**。

176 3. 因果关系可以分为两类:**发生责任型和责任促成型**。在第一种情形,需要考虑的问题是,引起赔偿请求权发生的行为是否完全可归责地引起损害发生。而第二种情形涉及的只是,该行为只是可归责地引起个别损害结果。两个归责性问题,首先需要借助于相当性理论和保护范围理论进行判断。

例如,违反合同义务的范围(该问题经常出现在侵权法):由于医生在妊娠中止中的差错,导致顺利生出一个健康婴儿。这种情形,如果“社会性堕胎”应当优先于抚养费用进行保护,就只能主张对该婴儿的抚养费用进行赔偿。相反,在医疗性堕胎或者优生学堕胎的情形,对抚养请求权的拒绝不属于医疗合同的保护范围;这种情形就欠缺发生责任型归责联系。如果意外怀孕者在赴医院途中不幸遇难,就会存在纯粹的责任促成。这种情形,导致伤害的医生对于事故费用不需要赔偿,但可能需要赔偿这个孩子的抚养支出:关于妊娠中止的合同并不保护交通事故。

177 4. 在上文2.、3.所涉及的例子中,损害归责尽管有相当性归责联系但却(规范性)否定了其他考虑。人们也可以反过来对这种损害进行规范性肯定(所谓**规范性损害**)。最明显的例子是《节假日和生病期间支付劳动工资的法律》(EFZG)第6条所规定的受第三人损害的劳动者的赔偿请求权:雇主继续支付工资妨碍了取得损害的成就;当然,雇主对侵害人保留追索的权利。类似的情形体现在侵权法中的第843条第4款:如果损害由于亲属的抚养费而被除去(如父母已经为治愈受第三人侵害的子女进行了支付),对侵害人的侵权的请求权仍然存在。对这两个案例,也可以从另一个角度进行观察,即第三人侵害人放弃**抵充其利益**,该利益是受害人由损害结果获得的。

(五)与有过错

作为损害法的基本要素,最后还必须提及第254条:如果受害 178
人以可归责的方式对损害的发生同样起了作用,赔偿请求权甚至可以全部消灭。因此,不管是合同法还是侵权法,第254条都是一般损害法的规范。

该规定的难点在于,第2款第2句中规定了第278条相应适用,但在合同法却不予考虑。该难点涉及的问题是,所提到的准用是否只是第278条的法律效果,或者是否充分其前提,即加害人与受害人之间需要有特定联系(参见梅迪库斯:《民法》,边码865以下)。它因此在合同法中没有意义,因为那里总是能够满足第278条中规定的作为难点的前提:合同就构成了侵害人与受害人之间的特定联系。因此,根据第278条,辅助人的共同作用无论如何必须是在损害发生时已经发生;因此他必须像加害人那样负责。但这一问题在侵权法中却是有意义的:受到机动车伤害的儿童,是不是同时也可以归责于其父母监管不利?通说对此予以否定:第254条第2款第2句包含着对第278条的法律原因准用,因此必须要有特定联系(第278条确实提到过债务人)。而儿童通过其父母(如他们没有提供医疗帮助)总能够被归为应当对损害扩大承担责任:通过第一个损害的发生在受损害的儿童与侵害人之间的债的关系就已经确立起来了。

第十二节　次生合同请求权之二：解除所生的请求权

179 关于双务合同给付障碍的最重要的两个条文是第 323 条、第 326 条。它们使得给付义务受到障碍的债权人不需要考虑债务人的可归责性而享有解除权。这种解除具有两方面:一方面,发生作为尚未清偿的给付义务的消灭基础的效力;上文边码 117 已经提到这一点。另一方面,对于已经提供的给付产生目的在于回复原状的请求权;这一点是这里要涉及的。对于上文边码 118 以下已经讨论的解除事由,这里不需要再次进行讨论。

一、解除法的责任

180 关于给付受领人的责任,第 346 条以下包含着性质上偏离得利法(第 818 条以下)的独特规范。《债法现代化法》之后,这些规范基本上除个别保留外还适用于法定解除以及根据第 357 条第 1 款主要在很大程度上适用于消费者保护目的的撤回。在法定解除的情形,准用第 346 条以下(如旧文本第 327 条第 1 句)即不再必要。

(一)给付回复原状

1. 最简单的情况是所受领的给付仍然存在,在性质上还可以返还:根据第 346 条第 1 款就应该负担**交还**义务。和买卖一样,如果受领人已经取得某物的所有权,为此还需要达成交换合意:解除所结束的只是债法上的基础行为,并不涉及所有权转移。与此相对,如果出卖人保留所有权(第 449 条第 1 款),解除就结束了期待权,同时还有对占有的权利。这样就只需要将占有返还。出卖人在解除后对买受人可以提出请求,第 449 条第 2 款,但对于第三人则是基于第 985 条(在诸如以下情形很重要:出卖人在第三人如修理人处,发现该物;未经解除,通常只能向买受人请求返还原物,第 986 条第 1 款第 2 句)。

2. 对于没有标的物的给付,根据其性质不能返还。这些给付在得利法第 818 条第 2 款用的话是:请求返还"因所得性质不可能"(参见下文边码 368)。属于这种情形的,如提供服务或者容忍物的使用:按照第 346 条第 2 款第 1 句第 1 项对此负担**价值赔偿**的义务,其最高额应当按照第 346 条第 2 款第 2 句根据合同约定进行确定。尽管已经解除,但该约定仍然具有决定性。 181

与此相对,第 346 条第 2 款第 1 句第 1 项并不包含(经常的)这种情形:所有权人交出了某物,受领人在解除前已经加以使用。这里(如汽车买卖因为解除而归于消灭)关于用益赔偿就适用第 346 条第 1 款和第 2 款第 1 项,还有第 347 条第 1 款(参见下文边码 183)。

3. 如果所受领给付毁损、灭失或者不再能够返还,第 346 条第 4 款就因为损害赔偿请求权而指引适用第 280 条至第 283 条。在债务关系中通常主张的损害赔偿义务应当具有可归责性。对第 280 条非常重要的过错的规定又产生了一个问题:尽管必须在所保留的解除中任何一方当事人都已将返还义务考虑在内,因此可期待当事人对所得到的给付予以照管。同样,法定解除中,在表示解除后这也应当是可以期待的。事先通常不会考虑返还义务(如买受人没考虑到所买的东西有瑕疵);因此派出了专门意义上的过失。人们在这里可以适用第 346 条第 2 款第 1 项第 3 句的法律思想:如果返还债务人对于自己行使的照管(受第 277 条限制)已经注意到了,甚至连价值赔偿义务都会被排除。更进一步,还可能排除损害赔偿义务。 182

(二)用益

返还给付还应当考虑受领人的用益;这些用益也应当返还。 183

对此,从《债法现代化法》起适用第 347 条第 1 款第 1 句:根据该规定(与第 346 条第 1 款一起),对已经收取或者因故未能收取的用益负有返还义务或者价值赔偿义务(根据第 346 条第 2 款第 1 句第 1 项)。

(三)费用

184 负有返还义务的债务人可能对已受领的物支出费用。例如,买受人就买得并已交付的小汽车"慷慨地"新刷了一遍漆或者换了一个发动机。对此,根据第 347 条第 2 款,很明显存在因必要费用而发生的赔偿义务,(超出了旧法的还有)所有这些费用,对于返还的债权人构成得利。

二、解除和得利

(一)出发点

185 解除法返还与得利法返还分别存在。例如,受到恶意诈欺的买受人根据第 123 条撤销买卖合同,返还所适用的是得利法(可能还有侵权法)。如果由于物的瑕疵而解除(第 437 条第 2 项、第 440 条、第 323 条),则适用第 346 条以下。这两种返还规定之间有实质性区别。以下将对此简要论述。

(二)责任区别

186 这种区别之所以复杂,是由于在得利法方面还应当区别债务人的可保护性。

1. **解除债务人**通常需要交回其所得(第 346 条第 1 款)或者进行价值赔偿(第 346 条第 2 款,例外情形第 346 条第 3 款)。与此相对,**得利法**对**不积极知道其返还义务**的债务人给以保护,不能就返还提起诉讼。这种"正当的"债务人通常由第 818 条第 3 款提供救济:只要"不再得利",债务人即不再承担责任。这种**得利丧失**有很多种可能:所请求的标的可能完全丧失,受领人可能没有取得赔偿利益(参见第 818 条第 2 款),如未投保的农民的柜子在别人没有过错的情形下燃烧起来。甚至所受领标的仍然存在的情形,也可以考虑得利丧失:受领人为进口货物而支出的关税或者运输费用过高。受领人在失去价值方面的“过错”没有任何意义。参见下文边码364。

在**双务合同中**,给付丧失是否以及在何种程度上考虑与其(有牵连)联系的对待给付,是所谓的有争议的**余额理论**的内容。这就意味着对第818条第3款的某种突破;需要注意的是,双务合同中的受领人对于给付只有权得到对待给付价格。例如,买受人如果已经支付了价款,他就只打算着取得买卖标的物。余额理论的考虑却并不完整。因此,该理论在当代由于很多例外而到处落空,以至于几乎没有清晰的适用范围;参见下文边码365和梅迪库斯:《民法》,边码225以下。

2. 对于给付受领人比较糟糕的是,他已经**被诉请返还**(第818 187/188
条第4款)或者**知道其返还义务**(第819条第1款):对于这种受领人,第818条第3款也不能完全排除。对于得利丧失,他应当根据“一般规定”承担责任,第818条第4款。对此,第292条尤其特别。该规定根据法律系属指引参照适用所有人—占有人关系的法律规定,这就导致受领人基本上承担过错责任。这几乎就与根据第346条第4款、第280条、第283条行使解除权后返还债务人责任是相同的责任了。

第十三节　次生合同请求权之三:调整,尤其是减价

双务合同中,给付价值减损破坏了所谓的主观等值,即当事人 189
双方就给付和对待给付所愿意的价值关系:如果买卖标的物由于物的瑕疵而只有原定价值的一半,买卖价款也就高出了一半。这种破坏可以找平,即不再请求这种低于全部价值的损害赔偿的给付,而代之以请求(无瑕疵)给付(第280条、第281条)(参见上文

边码 149 以下)。另一种修正方式是,将发生障碍的合同解除(参见上文边码 179 以下)。除此之外还有即将涉及的第三种可能:按照给付的价值降低程度(或者诸如债务人支出降低等其他情形)调整即降低对待给付。

一、减价

(一)适用范围

190 刚才所论述的程序(无疑在个别问题上有所区别)在很多双务合同类型中表现为“减价”。明确表示出来的如买卖(第 437 条第 2 项、第 441 条)、使用租赁(第 536 条)、承揽合同(第 638 条)和旅行合同(第 651d 条)。所有的无偿合同中无疑都没有什么减价。在服务合同中也没有减价。服务债权人不能因为所提供服务给付有瑕疵就简单地降低报酬:在应归责的瑕疵服务给付中当然可能基于特定义务违反会考虑损害赔偿请求权。有争议的是,在什么程度上就可以将有瑕疵的给付劳务看做纯粹的部分给付,通过这种途径可以实现减少报酬[下文边码 193 和梅迪库斯:《债法各论》(SBT),边码 323 以下]。通说对此予以否定。

(二)执行

191 减价的执行有两种不同的体系。

1. 在买卖和承揽合同中,减价与解除平行:买受人或者定作人有一项形成权,该项权利无疑一般以请求事后履行没有结果为前提(第 439 条、第 635 条)。对于买卖而言,它显然不是来自于《民法典》,而是出自欧共体指令。通过减价,根据第 441 条第 3 款、第 638 条,价金将会被降低。被降低的金额就不再欠了;如果已经支付,就可以请求返还。这项请求权的基础现在很清楚,存在于第 441 条第 4 款、第 638 条第 4 款(此前存在争议)。

192 2. 在**使用租赁**,第 536 条第 1 款第 1 句则说,使用承租人在瑕疵存续期间“免付租金”,或者他只需“支付经适当减少的租金”。**旅行合同**的类似表示在第 651d 条第 1 款。这种情形,对待给付的降低自动实现;使用承租人或者旅客并不需先将其形成性意思表示到达。降价自动执行之所以有意义,是因为使用租赁合同和旅行合同通常不会因为解除而溯及既往地消灭,而只是限定向将来发通知终止的效力。因此,在过去所受的消极影响应当通过降价予以返还,这就不再需要选择权了。使用承租人或者旅客的返还请求权的基础尚不清楚:通说将使用租赁与第 812 条相合作,(多少有些结论性)对于旅行合同则直接以第 651d 条第 1 款为基础[参见洛伦茨(Lorenz):《法学教育》(JuS)1993 年,第 727 页/第 729 页以下]。

二、部分不能

部分不能存在两个问题:

(一)债权人**必须接受仍然可能的部分给付**,还是可以因为整个给付而请求代替给付的损害赔偿?按照第 281 条第 1 款第 2 句,重要的是债权人对部分给付是否还有利益;在代替给付的损害赔偿的情形下,对已经提供的给付部分根据解除权应当返还,第 281 条第 5 款。在双务合同中,还涉及如果债权人对部分给付没有利益,由他所表示的解除将解除整个合同,第 323 条第 5 款第 1 项。 193

(二)如果部分给付仍然存在,从对待给付将产生什么?第 326 条第 1 款第 1 句在末尾规定这种情形可以根据第 441 条主张对待给付减价。这种情形下,对买卖法的部分指引意味着给付减价的自动执行;对于返还请求权在这里相应适用第 441 条第 1 款。

三、损益同销

双务合同中,偶尔也会与第 326 条第 1 款不尽相同:如果给付因为不能而不再需要提供,还有可能要求对待给付。这涉及**对待给付风险转移**到不再需要提供的给付债权人,如以下情形:第 323 条第 6 款、第 446 条以下、第 615 条(参见上文边码 139),也涉及按照第 615 条通知终止(参见上文边码 128)。第 323 条第 6 款、 194

第 326 条第 2 款还指出了债权人对于给付障碍产生的情况应当“单独或者主要负责的”情形。这就意味着在严格意义上并未转移风险:通常理解的“风险”是对任何一方对给付障碍的发生都不可归责,而第 323 条第 6 款、第 326 条第 2 款却要求债权人的应负责性(这是需要考虑与第 276 条以下相一致的,参见梅迪库斯:《民法》,边码 269)。给付变得不可能的债务人在这里也许因此对对待给付有请求权,因为他不应该由于可归责于由债权人的障碍而受损害。

例如,驾校学员醉酒后到了驾驶课上,即使学员没上成任何课,驾校老师仍然可以请求对待给付。但该法律效果的法律根据并不是第 326 条第 1 款,因为这课是可以往后推的。其根据在于服务合同法比较特殊的规定,即第 615 条第 1 句,该条排除了嗣后给付的义务。

法律在这些情形下规定,对待给付的债权人必须将以下内容抵销:“他因为免于给付而节省了什么,或者其劳动使用于其他方面而取得了什么或者放弃了故意取得什么”(第 326 条第 3 款第 2 句;其他条款中也有相同或者相近的表述,如第 615 条第 2 句)。这意味着对待给付的调整,债务人必须少支出点或者少损失点。因此,在驾校老师的例子中,驾校汽车所节省的支出费用应当抵销;如果他把没上成的这次课给了其他驾校学员,还要包括该学生支付的报酬。

四、交易基础障碍

195 最后,对于交易基础障碍,先前由第 242 条推导出,现在可以由第 313 条推导出一项调整权(参见上文边码 109):对存在障碍的合同,首先不是通过解除权使之消失,而是通过与实际情况相调整对合同进行变更。这种调整的标准必须根据其可能性进行判断,使当事人对实际情况的认识达成一致。因此,在诸如货币贬值的情形下,可以提高金钱给付义务,也可以相应减少货物给付义务。因此,对于该问题存在一项(意义不太大的)争论:是否可以自己进行给付调整,或者对另一方当事人就进行调整是否存在一项请求权;第313条第1款现在选择了第二种方案。

第十四节　第三人的请求权以及对第三人的请求权

合同产生的请求权和义务通常只归于当事人。例如,出卖人对买卖价金的请求权(第433条第2款),买受人对交货的请求权(第433条第1款第1句)。例外情形,第三人也可以享有这种请求权。这里应当区分的是:只能事前使第三人享有请求权,而不能使其负担义务;不存在对第三人设定负担的合同。但是,第三人可以事后接受这种请求权或者义务。 196

一、第三人原始的合同请求权

第三人原始地取得的合同请求权,即非经特定转让行为而取得的合同请求权,也可以分为原请求权与次请求权。 197

(一)原请求权

第三人可以通过合同当事人之间的相应约定获得对约定主给付的请求权。这是真正的利益第三人合同,第328条第1款(准确地说,是向第三人给付的约定)。第三人是否以及在什么前提下获得该请求权,有疑义的情形应当通过解释确定。有疑义的情形,第三人之外,合同当事人应当有自己的请求权,第335条。通常,第三人的请求权适用与合同当事人请求权相同的抗辩权,第334条。

(二)次请求权

1.第三人的次请求权可以由于**侵害其原请求权**而产生。这种情形可以发生在为使儿子省钱,母亲使用承租某住房并使儿子对该住房可以使用(真正的利益第三人合同)。如果使用出租人交 198

付房屋过晚(第 280 条、第 286 条),或者母亲因为住房瑕疵而受伤害(第 536a 条第 1 款,同时还有第 536c 条),母亲就享有损害赔偿请求权。这并不是特殊情况。

199 2. 相反,法律学说所创造的**对第三人有保护作用的合同**则具有特殊性。因为在这种情形下,第三人享有的是**无原请求权的次请求权**。因此,在使用承租人家庭中生活的子女对为使用出租人在转让租赁住房上没有请求权。当然,在因住房瑕疵而受到伤害的情形,应当承认他基于使用租赁合同享有损害赔偿请求权。在使用出租人根据第 278 条(而且不仅仅是根据第 831 条)为其辅助人承担责任的情形下尤其会发生这种请求权的合同推导。

根据第 311 条第 1 款(先前是第 305 条),无疑可以协商达成这样一种合同保护范围的扩张。这是很明显的,但却非常少见。人们对此主要是解释而来。司法判例中对此分成**两类**:

200 (1)在第一种情形下,瑕疵给付除了威胁到合同债权人之外,还可以同样方式威胁其他人(如在使用承租人家庭中生活的子女)。这就为**第三人要求**按照自己的合同受到保护提供了理由。这种利益就已经够了,但还不是很够。对此还必须加上第二点,即**合同债权人对于保护该第三人有利益**。债权人必须“在某种程度上可以说对第三人的甘苦共同负责”这种套话可以作为这一点的根据。如果债权人对第三人负有扶养义务(第 1601 条以下)或者基于劳务合同负有保护义务(第 618 条),这一点首先就应该得到肯定。第三点,也是最后一点,保护需要和保护利益**对合同债务人是明显的**:对于他来说,不良给付负担损害赔偿义务的风险确实提高了,他必须将其他人纳入合同保护范围中。参见梅迪库斯:《民法》,边码 844 以下。

对第三人有合同性质的保护作用的类型,在**使用租赁合同**中很容易理解:使用承租人由于其扶养义务而对家庭成员的保护有利益,并且因为第 618 条而对在其家的人享有利益,使用出租人很显然知道这一点。相反,访客偶尔到访的情形,使用承租人大多没有这种强烈的保护利益。这种情形访客的保护利益显得较弱一些,因为他只是相对较短的时间内处于租赁房屋的风险之下。

(2)**第二种类型**所涉及债权人与第三人的利益不是相同的, 201
而是相对的:他们两人不是坐在同一条船上,而是坐在不同的船上。因此并没有"甘苦需要"所表达的东西,尤其是合同债权人强烈的保护利益。联邦最高法院在《法学家报》(BGH JZ)1985 年第 951 页[有海·洪泽尔(H. Honsell)的评论]的判例中,受所有权人委托的鉴定人就一块土地的价值向丹麦领事做出了不正确的通知,产生了鉴定人对因为该土地贷款过多而受损害的丹麦抵押银行的责任。《联邦最高法院民事裁判集》(BGHZ)第 127 卷第 378 页[联邦最高法院(BGH):《新法学周刊》(NJW),1998 年,第 1059 页,类似],如果鉴定人由于委托人即出卖人的诈欺而对给该土地价值估价过高,甚至让鉴定人对买受人承担责任。联邦最高法院(BGH):《法学家报》(JZ),1966 年,第 141 页,就已经使关于设立遗嘱的合同对不良给付的保护作用涵盖了设立遗嘱(由于被继承人死亡而)后发生的不能。参见梅迪库斯:《民法》,边码 846 以下。

这些裁决的理由在于,其中(合同相对人能够了解的)**损害大多只有第三人参加才能发生**。对于第三人有保护作用的合同关于风险发生无疑包括了风险转移的情形,而风险转移通常存在第三人利益损害清算(第三人损害清算)的范围(参见梅迪库斯:《民法》,边码 841)。这可能与特别值得注意的**第三人损害清算降低**相联系:这是很繁琐的,因为它并未给受害人以赔偿请求权,而是给了合同债权人。因此,首先要通过让与(经常可以提出要求,如基于第 285 条)使受害人取得该债权。

第 311 条第 2 款现在为受损害的第三人创设请求权提供了其 201a
他道路:将来不是合同当事人的人,如果他对请求权有特别信赖并且受到他人缔约行为的实质影响，基于缔约过失也可以主张承担责任。这可能是针对专家的，由于他对被鉴定土地卖价的不正确鉴定使得价格确定得过高。

二、第三人后来获得的合同请求权

202 （一）法律行为性质的让与

通过法律行为取得请求权可以用于请求权让与（让与），第398条以下。

1. 这种让与通过旧债权人和新债权人（出让人和受让人）之间的合同实现第398条。这种合同通常不需要形式；如果对该债权存在抵押权，第1154条就特别构成一项例外。

由于债务人作为第三人不参加合同订立，因此在很大程度上需要保护：首先是它对旧债权人的抗辩可以对抗新债权人，第404条。如果他对让与不知道或者未能正确知道，第406条以下可以对他提供保护。这里就出现了上文边码132提到的关于向非权利人清偿的给付这一最重要的条文。

203 2. 让与可以有**两项不同目的**：或者是债权（并且归根到底是其标的）**最终**转让给新债权人。这一点尤其是在新债权人为该债权而进行支付的情形下，也就是债权买卖或者贷款保收（Factoring）的情形。或者是该**转让**仅仅作为其他债权的担保。在这样一种担保让与中，新债权人（被担保人）只有在被担保的债权人没有被按时支付的情形下才可以催收担保债权。相反，如果担保目的实现，该债权就被重新转让给旧债权人（担保人）；因此，新债权人仅仅处于一种信托地位（参见梅迪库斯：《民法》，边码488以下）。第三人债务人在担保让与的情形下很少被事先通知；因此人们称之为**隐蔽让与**。

由此，新债权人就有一种特殊的危险，即债务人根据第407条仍然可以通过向旧债权人提供给付而获得自由。旧债权人受领这种给付就会违反担保合同，由于这种违反担保合同就应该承担损害赔偿责任。对此,新债权人对旧债权人所得可以享有不问过失的得利请求权,第 816 条第 2 款(参见下文边码 399)。

3. 在**双务合同所生请求权**让与中产生了特殊问题:这种请求权通常超出了第 320 条以下的要求而与对待给付请求权联系在一起。首先,根据第 323 条、第 326 条可以有一项作为形成权的解除权:谁可以行使该项权利?如果债务人对让与的价金债权没有支付,新债权人和旧债权人之间谁可以指定延展期限(第 323 条第 1 款)?谁享有事后履行请求权(第 439 条)和解除权、减价权?如果只涉及新债权人的地位,事后改善请求权和形成权就可以归新债权人。如果也涉及旧债权人的地位,就由旧债权人和新债权人共同行使。参见梅迪库斯:《债法总论》(SAT),边码 709。 204

(二)法定让与

请求权也可以不通过合同而通过法律进行转让。根据第 412 条,这种转让可以相应适用法律行为性质的转让的大多数规定,尤其是关于债务人保护的规定。 205

这种法定让与主要服务于求偿:多数债务人的情形,债权人经常从一个债务人那里受领超过该债务人对其共同债务人应当承担的份额。保证中,在主债务人内部关系和非保证人给付的情形下,也是这样。如果保证人取得该请求权,第 774 条第 1 款就将债权人对主债务人的请求权转移至保证人。第 426 条第 2 款在共同债务人之间完成了类似的任务:支付超过其在内部关系中应当承担部分的人,取得债权人的请求权作为赔偿手段。《民法典》之外,重要的让与规范还有诸如《保险合同法》(VVG)第 67 条、《社会法典》第十章(SGB X)第 116 条和《节假日和病假日劳动工资支付法》(EFZG)第 6 条。参见梅迪库斯:《民法》,边码 906、909、916 以下。

(三)合同加入

刚才所处理的(法律行为性质的或者法定的)让与仅涉及个 206

别的请求权。还有一种可能是加入他人的合同,承受由此产生的所有权利和义务。这种加入可以通过法律行为或者基于法律规定而实现。人们还可以根据新合同当事人是在旧合同当事人之外加入(合同加入)或者是将其取代(合同承受)进行区分。

1.《民法典》对于法律行为性质的合同加入并没有单独规定,但根据第 311 条第 1 款第 1 句,存在这种可能。这必须有所涉及三方当事人的同意:旧合同当事人和加入的合同当事人以及另一方合同当事人。例如,新婚丈夫愿意加入妻子的使用租赁合同,就是这种情形:除了婚姻双方同意外,使用出租人的同意也是必需的。因为这不仅增加了一个债务人,而且还增加了一个债权人。

207 2. 法律行为性质的合同承受与此类似,新合同当事人一方代替了旧合同当事人一方。这种根据第 311 条第 1 款可能的法律行为也需要三方当事人的同意(第三方当事人确实就再也没有旧债务人)。例如,丈夫在离婚后愿意承受妻子自己单独订立的使用租赁合同,就属于这种情形。

208 3. 基于法律加入他人合同主要体现在第 566 条、第 578 条、第 613a 条:根据第 566 条,关于住房、土地和空间的使用租赁合同(第 578 条)转移给租赁物的取得人。这样,承租人就使使用出租人不再成为合同当事人,但通过一种根据第 566 条第 2 款的作为保证人的后续责任予以补救。根据第 613a 条第 2 款在企业出让中劳动关系转移的情形与此类似;当然,这里就设置了一项出让人对旧债务的连带共同责任。

三、第三人的合同债务

209 合同只能使合同当事人自己负担义务,而不能使第三人负担责任。上文边码 196 已经提到过:私人自治只说明了自治的权利而没有说明他治的权利。因此,不存在第三人原始的合同义务;上文边码 197 以下提到的问题在义务方面并不存在什么对应。

（一）法律行为性质的债务承担

通过法律行为可以由第三人承担个别债务。仅仅有一项与第398条第1句规定类似的新旧债务人之间的合同是不够的：债权的价值取决于债务人存在的责任财产；因此，没有债权人的意思是不能实现的。因此，必须是或者**债权人自己与新债务人订立承担合同**（第414条），或者他必须**追认**新旧债务人之间的**承担合同**（第415条第1款）。没有这项追认，旧债务人就只能请求新债务人向债权人进行清偿，第415条第3款（所谓的**履行承担**）。第329条补充性否定了（真正的）有利于债权人的合同。

特殊情形，对于有抵押权（相应适用于担保土地债务）担保的债务，根据第416条可以由债权人通过追认而减轻：在新旧债务人之间承担合同的通知后沉默半年。对沉默进行这种评价（参见上文边码57）在这里是适当的，因为物上担保使得债务人本人已经没有太大意义。

（二）法律行为性质的债务加入

根据第414条以下，债务承担时，旧债务人免责：新债务人接 210
受了"原债务人的地位"，第414条（所谓的私人债务承担）。根据第311条第1款中的合同自由的原则，还有可能进行一种并存的债务承担，新债务人在旧债务人旁边加入进来。这种并存性导致了一种类似于保证的担保方式：债权人除了可以要求就债务人承担责任外还可以要求新债务人承担责任。

在所讲的类似保证性中，也存在债务加入的主要问题：由于欠缺法定的形式规定，债权人与加入人之间的不要式合同也就够了；然而根据第766条，对非商事行为（《德国商法典》第350条、第343条）的保证允诺并不需要书面形式。因此，有必要进行界定［类似情形如保证与担保合同（参见上文边码78）］。这不是根据当事人所用的词句进行判断的，而是要根据利益状态：如果新债务人对于提供信用有自己的、直接的经济利益，这就是债务加入；相反,附加债务人欠缺这种需要保护的利益,就是保证。

(三)他人债务的法定牵连

211 1. 只要规定**参加他人合同**,某人**基于法律**就要对他人债务负责(参见上文边码 206)。因此,在第 566 条的情形下,使用出租土地的取得人不仅取得出让使用出租人的请求权(如收取租金),而且还包括他基于使用租赁合同所负担的义务。因此,第 566 条第 1 款要求,在出让时必须已经将土地转给了承租人:如果租赁关系在土地登记簿上没有表现出来,取得人至少应当通过使用承租人的(直接)占有而得到警告。

212 2. 对他人债务的另一种法定牵连体现在《德国商法典》第 25 条、第 27 条、第 28 条:这些情形涉及生前取得人(《德国商法典》第 25 条)、继承人[《德国商法典》第 27 条或者新股东(《德国商法典》第 28 条)]而实施的**商事行为的继续**。区别主要存在于原商号继续营业的需要。随着自 1999 年 1 月 1 日起第 419 条规定的财产受让人一般责任的消灭,商法这些规定的意义也随之提高。

第二章　类合同请求权

此前所讨论请求权都是以有效的法律行为(尤其是合同)为前提的。在这一点上,以下要讨论的请求权则完全不同。以下讨论的请求权的正当性并不在于当事人意思("债务人承担责任,是因为他曾经允诺"),而在法律("债务人承担责任,是因为法律认为这样比较合适")。因此,人们称之为**法定请求权**。 213

对于这些请求权,还可以进一步区分:与合同请求权相近的请求权至少可以分为两类:基于**缔约过失**(**culpa in contrahendo**)的请求权与在缔约阶段人的接触相联系。基于**无因管理**的请求权需要借助于委托法中的特定前提。其他法定请求权则与合同无关。因此,首先(下文第十五节、第十六节)需要讨论法定请求权中与合同关系较近的这两种请求权,然后再讨论其他请求权。这样处理与案例分析中讨论的顺序是一致的(参见上文边码18)。

第十五节　基于缔约过失的请求权

缔约行为中的过失导致基于第280条的损害赔偿请求权。这些请求权在功能上可能有根 214

本区别。通过不同请求权的发展,缔约过失在过去几十年中因为不同目的而用于很多领域。对于不欲成为合同当事人但参与缔约行为之人,司法裁判认为该人应当承担责任,第 311 条第 3 款现在已经采纳了该规则(参见下文编码 225)。在这一领域内特别需要注意其区别。第 311 条第 2 款似乎没有明确这种根本区别:仅仅根据义务的确立基础进行了区别,而没有根据义务的内容进行区别。

一、缔约行为中的附带损害

215 第一种情形中,缔约一方在缔约中受到**与后来所成立的合同并无关系的损害。**例如,前引《帝国法院民事裁判集》第 78 卷第 239 页(RGZ 78,239)中所涉及的案件是:店员在商店里碰倒了沉重的地毯卷而使一位买东西的女士受伤。这种情形下,开始缔约行为就使顾客和店主之间产生了一种特别联系。这样对于店主就可以根据第 278 条而享有请求权,因为店主必须为店员的过失承担责任。对此,事后是否成立合同就没有什么意义了。《联邦最高法院民事裁判集》第 66 卷第 51 页(BGHZ 66,51)将缔约准备的保护效力扩张至特定第三人(如没想买东西而只是在母亲买东西时跟着她的女儿)。它与合同的第三人保护效力很明显形成对照(参见上文边码 200)。

总的来说,这种情形的意义确实有些循环性:侵害了第 823 条第 1 款所谓的保护利益,今天主要根据第 823 条第 1 款本身(而不是第 831 条)因为侵害交易安全义务而产生的附带责任予以救济(参见下文边码 335)。司法裁判通过要求根据第 831 条第 1 款第 2 项的免责而将其加重。店主必须时刻监督其店员,而不管他是不是已经按照交给他的工作做了。参见梅迪库斯:《民法》,边码 813。

二、不生效情形的信赖损害(消极利益)

216 第二种情形中,主要涉及**对意思表示生效的信赖**,尤其是对因此而成立合同的信赖：对于这种信赖的失望可能使人负担由此所生的财产损害的赔偿义务；债权人应当明确，如果他没有信赖该意思表示生效时会是怎样（参见上文边码 173）。

（一）法定情形

第二种情形至少体现在《民法典》所规定的缔约过失情形中：第 122 条（戏谑行为和因错误而撤销）、第 179 条第 2 款（作为代理人行事但不知自己欠缺代理权）以及《债法现代化法》之前旧文本第 307 条和第 309 条（合同因为自始客观不能或者违反强制性规定而无效）。不过，第 122 条、第 179 条第 2 款并不需要过失，发生责任主要是由于意思表示促成信赖。第 663 条仅规定了先合同义务，即拒绝要约。这种情形下的法律效果是从一般规定得出的（可归责的义务违反所生的损害赔偿，今天的第 280 条第 1 款）。第 611a 条第 2 款构成一种例外情形：该规定保护的不是对合同有效成立的信赖，而是对无歧视的求职的信赖。因此，该条并未规定损害赔偿，而是规定了一种“适当的金钱赔偿”（最高为 3 个月的工资，参见第 3 款）。

第 122 条第 1 款、第 179 条第 2 款通过积极利益金额而限定了赔偿消极利益的最高金额：债权人不能因为行为未生效而处于比行为生效更有利的状态。这当然不是缔约过失所有情形的一般原则（如《联邦最高法院民事裁判集》第 69 卷第 53 页至第 56 页就是如此）。

（二）未规定的情形

参照那些受法律规定调整的情形，司法裁判至迟在《帝国法院民事裁判集》第 104 卷第 265 页就已经形成了一项一般规则：法 217
律行为发生效力的表象由谁引起，谁就负责赔偿信赖它的合同当事人的消极利益。这就涉及不合意（上引帝国法院就是如此）和其他无效事由。但是，问题在于，缔约当事人在何种程度上单方负有提示合同生效前提的义务（参见上文边码 99 关于形式禁止）。

只有对于缔约当事人基于特定事由应当予以照管的人,才需要肯定这一点;因为他们本身就负担这样的义务(如“建筑管理人”),还可能因为阻碍合同生效的情况是来自于他所能控制的范围。

(三)合同谈判中断

218 只要合同谈判仍在进行,通常就要估计到合同尚未订立:即使谈判已经达成部分合意(参见第154条第1款)或者发生费用,任何一方当事人仍然可以自由中断谈判。对于已经处于合同谈判后期却没有重要事由中断谈判的一方当事人,司法裁判要求其承担信赖利益的赔偿。它的前提是,另一方事先对于“合同肯定成立”已经“唤起或者产生”了信赖(联邦最高法院:《新法学周刊》,1970年,第1840页;《联邦最高法院民事裁判集》,第71卷,第386页至第395页)。

对该司法裁判有必要表示怀疑:我们的法律承认附有较长承诺期限的有约束力的要约(第148条),也承认预约。对于这些尚未确定之处,另一方只有在特定前提下才可以信赖将来成立合同。

三、不利合同的义务所生的损害

(一)出发点

219 第三种情形和第二种情形正好相反:发生损害并不是由于欠缺(生效的)合同,而是由于有(生效的)不利合同的义务。如果另一方通过恶意欺诈促成该义务,受欺诈人就可以根据第123条在第124条规定的期限内除去其义务。相反,如果该义务是由于纯粹的过失而成立(如由于过失而错误答复),第123条则不允许其除去义务。通说认为,这种情形下存在基于缔约过失的损害赔偿请求权;根据第249条第1款,该请求权指向消灭不利的合同义务或者变更合同(尤其是通过减少对待给付)。

如此构造,具有很强的实践意义。与之相关的是所谓**灰色资本市场**上的行为,尤其是[无疑在一定程度上是以《交易所法》(BörsenG)所调整的招股责任为范本的]与税收背景相联系的行为(扣除)。按照通说,(第 453 条并未直截了当地概括在内的)**营业买卖**也可以按照前述缔约过失规则处理(如在出卖人对于被出卖营业能够长期实现的营业额的不当说明时)。最后,符合这种结构的还有**日常行为**,如牙医对于预估处理费用和在医疗保险机构偿还该费用的可能性的错误说明。

(二)疑虑

如果承认缔约过失的解除请求权,就会导致**评价上的矛盾**。 220
这一点体现在旧文本第 124 条和第 195 条规定的期限上:基于缔约过失所必需的纯粹过失的废止可能性比基于恶意的废止可能性是否应当存续更长期间?首先(后面还会涉及它)缔约过失就已经符合了过失欺诈,但第 123 条则要求恶意。人们从第 242 条得出的说明义务越广泛,这种矛盾就越明显:从过失的不作为可以归结出过失欺诈[牙医自己是否必须要说明医疗费用不能从医疗保险机构得到偿还呢?相关内容,参见米哈尔斯基(Michalski),《保险法》(VersV),1997 年,第 137 页]。

(三)救济

1. 无疑,如果人们能够使第 195 条规定的**消灭时效期间**与第 221
124 条规定的除斥期间相适合,这样就可以得到关于次要点的救济。虽然联邦最高法院对此多次予以否定,但现在通过《债法现代化法》在某种程度上实现了这一点。

2. 此外,**在承认说明义务的情形如果予以保留**,同样存在受到 222
严格限制的救济。这在事实上当然存在某种征兆。因此,债权人对于保证人(或者其他提供担保的人)通常不需要说明由于主债务人而存在的风险[例如,联邦最高法院:《经济法杂志》(ZIP),1990 年,第 1545 页;1997 年,第 1058 页]。

3. **意思表示法和损害赔偿法**中的基本救济有所区别。合同解 223
除是否通过撤销意思表示而实现,对于基于缔约过失而发生的损害赔偿并不重要。在维持合同的情形,缔约过失只发生因为违反说明义务所生具体财产损害的赔偿:如果因为歧义而买受之人获知正确说明就不会订立合同,只能就其受欺诈所致财产减少请求赔偿。很多情形都可以导致对于取得价格降低的赔偿。通说认为,除了该请求权之外,债权人还可以选择解除请求权。对此参见,利布(Lieb):《科隆大学法律系祝贺文集》(FS Rechtswiss. Fak. Der Univ. Köln),1988年,第251页以下。

224 4. **联邦最高法院:《新法学周刊》1998年第302页**进行了如下区别:第123条保护的是决定自由,缔约过失损害赔偿请求权保护的则是财产。因此,只有由于合同负担意味着财产损害时,才发生这种请求权。实际上这一点并不能令人信服。首先,很多情况下确定财产损害都会存在问题:就此而言,债务人的合同义务限定在其生活方式之中是否已经满足?其次,根据第249条第1款,废止所负担的合同仅仅意味着回复原状;而它并不直接以财产损害为前提。因此,令人信服的是请求权竞合问题并没有因此消除。对此参见,卡纳利斯(Canaris):《民法实务档案》,第200卷(2000年),第273页、第204页以下。

四、第三人责任

225 在适用缔约过失的各种情形,承担责任的通常是意欲成为合同当事人的人。此外,他还要根据第278条对自己的缔约辅助人承担责任。司法裁判中特别涉及第三种情形(上文边码219以下)者为数不少,并且主要是要求参与合同谈判的人承担责任。新第311条对此予以采用。

第三人因为侵害他人合同缔约行为而承担责任,这一点尤其体现在他人信赖不是对将来的合同当事人而是对参与缔约的第三人享有请求权的情形,第311条第3款。故意加入折旧公司(Beitritt zu einer Abschreibungsgesellschaft)就是这方面的例子:合同只与该人订立。投资人信赖的不是该人的资料(甚至可能没有任何资料),而是背后之人(银行、鉴定人、发起人)的资料。如果公司设立遇到障碍或者公司很快限于支付不能，仅仅对公司追究责任就会落空。第三人责任一般是对那些**因其自身**（而不是将来的合同当事人）**引起信赖的人**。

此外，如果第三人**本身**在合同订立上使人产生**特别兴趣**，有的司法裁判也会承认第三人责任。这当然与所谓的信赖理由多少有些符合：这个人的资料并不是中性的，甚至他也使感兴趣的人多少产生了某种信赖。从个人利益的角度分析，也不应该打破公司法上的责任限制（如《有限责任公司法》第13条第2款）：有限责任公司的单一股东对其交易高度感兴趣，但不能因此对他提出主张，即使是他（如作为董事）参与了缔约谈判。在这方面可能需要考虑个人利益对于责任成立具有重要限制作用。《联邦最高法院民事裁判集》第126卷第181页也如此表述，但第311条第3款并未提及个人利益。据此，如果股东以私人财产为公司债务设定担保，显然并不符合要求：它并不能对无担保债权人创设赔偿请求权。

但无论如何，对于参与缔约谈判的参与人可能会存在**合同责任或者侵权责任**：只要他存在诸如提供保证、进行担保、违反咨询合同甚或在其中存在欺诈。

第十六节　基于无因管理缔约过失的请求权

一、范围

（一）事务和归属

1. 第677条规定的是**事务管理**。这里的“事务”并不是仅仅意味着法律行为，这种表达在这里更主要是指非常重要的事实行为（如对意外事故进行的救助）。 226

2. 另一方面，第677条以下限定在管理**他人**事务。事务背后存在一项特定的归属：如果事务归属于事务管理人以外的其他人，该事务一般就是“他人的”。 227

实际上存在很多样的归属。它可能是由于物权而发生:一方面通常只有所有权人才能使用和出让其物;另一方面该物的负担也应当属于他。如果是非归属人管理该项事务,人们就称之为**客观他人事务**。

另外一些事务中则缺乏这样一种客观特定的归属。任何人都可能取得某物或者出卖他人之物(任何一项置备买卖都会发生这种情形,即出卖人自己必须首先置备出卖之物。只要出卖之物不属于出卖人所有,出卖人就仅对将出卖之物转移给买受人而不存在归属!)。这里涉及**客观中性事务**。该项事务只有通过他在管理事务中的意思才能变成他人事务:他不是为自己而是为他人管理事务(如取得某物)。人们称之为**主观他人事务**。

228 3. 在**多重主观归属**的情形中则较为麻烦。这种情形并不少见。人们可以将救火归到消防队那里(它正好管这件事),但也可以归到燃烧之物的权利人那里(他的利益确实得到了保护)。除此之外,还要考虑应当负责任的纵火者甚至是火灾承保人(相对于应当赔偿的损害,他从灭火中得到的真是微不足道)。联邦最高法院在很多判决中对于类似情形也因为行为人(如消防队)管理他人事务意思而肯定它属于他人事务(参见下文边码 232),并将该事务完全作为他人事务而予管理。如果这种情形并没有公法上的费用调整(如对于消防队),就可以想到它创设了一种费用赔偿请求权。参见梅迪库斯:《民法》,边码 410 以下,尤其是边码 412。

(二)欠缺法律关系

229 如果是管理客观上的或者主观上的他人事务,大多是以法律行为确定的或者法律规定的**法律关系**为基础。例如,对于有限责任公司的董事而言存在雇佣合同;遗嘱执行人基于遗嘱指示而行事(第 2197 条);父母基于法律而管理子女财产(第 1626 条第 1 款第 2 句)。如果存在这种法律关系,它就可以决定事务管理的效果(如对于报酬请求权、费用偿还请求权和损害赔偿请求权)。这样就没有第677条以下的适用空间。无因管理只有在欠缺作为行为归属基础的特定法律关系的情形才能成立(因此,需要讨论什么情况下构成这种欠缺。参见上文边码18)。

(三)为他人管理事务的意思

客观中性行为通过为他人管理的意思而成为他人事务(参见上文边码227)。在客观他人事务中,这种意思在很多方面也有其意义。 230

1. 有时事务管理人会误将客观他人事务当做自己事务。例如,他让人使用他具有善意但因系盗窃物(第935条)而未能有效取得的某物。这种**误信自己事务**排除了适用第677条以下,因为对于这一点第677条就已经明确("为他人"),并且第687条第1款说得很清楚。在这里,事务管理法只能因为紧急使用而间接适用第994条第2款。

根据第686条,仅仅是对于**本人其人**的错误则不需考虑:甲欲将逃逸某马逮住,因为他认为该马属于其邻居乙,但事实上却是丙的马。这种情形,只有丙是本人,甲行事时如何考虑在所不论。

2. 事务管理人反过来也可以知道该事务属于他人但将其作为自己事务或者为自己利益而予管理。例如,农民耕种邻人搁荒的土地。这种**过分事务**并不符合第677条以下,因为该事务并不是"为他人"而管理。其实,这种情况下首先应该想到的是侵权法和得利法。本人当然可以根据第687条第2款对行为人的要求那样要求无因管理人,如请求返还该事务的收益。当然,本人有义务赔偿费用支出,第687条第2款第2句、第684条第1句:这种在技术上比较失败的(参见梅迪库斯:《民法》,边码419)援用意味着根据得利法而对费用支出的赔偿义务。 231

3. 根据司法裁判,所谓他人事务管理意思也可以使**中性自己事务**成为完全他人事务,对此,上文边码228已经论及。 232

二、基于无因管理的请求权

(一)正当的事务管理和不正当的事务管理

233 1. 无因管理法律效果存在根本的区别,但这种区别在第677条并未明确,而是在第683条和第684条予以规定:如果某人要管理他人事务,就应当问一下自己,其**干预是否为人所愿**。对此,起决定作用的是本人实际意思和欠缺实际意思时可推知的本人意思,由其利益可推知本人意思,第683条第1句(对这些因素的顺序存在争议,参见梅迪库斯:《民法》,边码422)。如果本人事后对事务管理予以追认,本人在转交事务管理时就是一样的,第684条第2句。最后,只要是履行的是涉及公共利益的义务或者法定扶养义务,就不需要考虑本人相反的意思,第683条第2句、第679条。对于以上三种情形,人们称之为**正当的无因管理**。

234 2. 其他情形构成的则是**不当无因管理**。其中特别包含事务管理人判断本人意思不正确的情形(参见梅迪库斯:《民法》,边码424。例如,某人在货到付款情形下为邻居支付货款,但邻居却不想要该货)。在此意义上,事务管理人是以本人风险行事。这样处理也比较合适:除非在紧急情况(这种情形适用第680条)下,在存在疑问时应当避免参与他人事务。

(二)正当无因管理的请求权

235 1. 正当**事务管理人**可以根据第683条第1句而像受托人那样,即根据第670条,就其费用主张赔偿。其中也包括赔偿与事务管理密切相关的损害,如在上文边码230中提到的逮住马匹而受到的伤害(参见梅迪库斯:《民法》,边码428以下)。

2. 反过来,**本人**则享有委托人的请求权;这一点尤其能够从第681条第2句对第667条的返还义务的援用得出。对于可归责地(参见第680条、第682条)违反第677条规定的实行义务,事务管理人根据一般规则承担损害赔偿责任(第276条以下、第288条)。

（三）不正当无因管理的请求权

1. 不正当**事务管理人**可以根据得利法主张返还本人自事务管理的所得,第 684 条第 1 句。如果(大多数情形如此)返还事务管理结果在事实不能,就只能就赔偿本人得利的事务管理人费用享有请求权。 236

2. **本人**可以就其在事务管理中所受损害主张赔偿,第 678 条。该责任只需要事务管理人对承担事务(而不需要在管理中)存在过失,因此较一般规则(第 276 条)有所加重。

第三章　物上请求权

第十七节　物上请求权与给付障碍

一、物上请求权

237 所谓物上请求权，就是实现物权或占有的请求权，即针对任何第三人实现物权或占有的请求权（参见梅迪库斯：《民法》，边码 436）。物权的原型（Prototyp）是**所有权**（Eigentum）。基于所有权的物上请求权是一种旨在达到允许所有权人行使其权能（第 903 条）之状态的请求权：使其获得占有（第 985 条），使其免受妨害（第 1004 条），特别是使其免受无权的强制执行（《民事诉讼法》第 771 条），以及在土地所有权情况下，于登记簿中维护正确的登记（第 894 条）。就这一点而言，物上请求权（在性质上）类似于合同法中的原始请求权（Primäransprüchen）（上文边码 45）。

物上请求权的特性在于：它们不会通过**让与**（Abtretung）而与其物上母权利（Stammrecht）分离（参见梅迪库斯：《民法》，边码 445～446）。尽管第 931 条的文意有令人误解之处，但基于第 985 条的所有物返还请求权，是不可以（比如按照第413条、第398条）予以让与的。相反，此时必须以其他方式移转所有权（参见下文边码257）；物上所有物返还请求权在出让人处归于消灭，并在取得人处随即重新产生。

基于第823条第1款的损害赔偿请求权以及基于侵害型不当得利的价值补偿请求权（第812条第1款第1句第2种情况，参见下文边码400以下）也有执行物权的功能，这些规定于债权法中的请求权是当然可以被让与的（亦即无须经由第413条的规定）；所以，这些请求权不属于物上请求权。

二、在物上请求权情况下的（给付）障碍

与合同法中的原始请求权类似，物上请求权上也会出现障碍。 238
比如，尽管进行了催告，还是有过错地迟延履行返还义务，或者由于债务人原因而返还不能（比如物被毁损或者交给第三人）。那么这里就有关于这些障碍的法律效果的（绝不简单的）问题：尽管物上请求权被规定在《民法典》债权编之外的第三编之中，物上请求权能否适用**一般债法之规定**（第275条以下）？

（一）作为特别规定的所有权人—占有人关系（Eigentümer-Besitzer-Verhältnis）

1. 基于所有权的物上请求权之原型是所有物返还请求权 239
（Vindikation），即第985条。对于该请求权，在第987条以下规定中存有其**独自的障碍规则**（eigene Störungsregelung），即所谓的所有权人—占有人关系（EBV，对此，详见梅迪库斯：《民法》，边码573以下）。这里尤其规定了如下一种情况：由于占有人的过错"物受损害、灭失或者基于其他原因……而不能被返还"（第989条、第990条第1款）。但据此，占有人只在特定条件下才负有损害赔偿义务：首先，障碍必须是在所有物返还请求权（第989条）发生诉讼系属（Rechtshängigkeit）（《民事诉讼法》第253条、第261条）之后才出现的；其次，或者占有人于取得占有（Besitzerlangung）时是恶意的（至少是重大过失的，第932条第2款），或者占有人事后知道他欠缺占有权(第990条第1款)。总而言之,占有人是**恶意、非善意占有人**(unredlicher Besitzer)。与此相反,善意占有人在诉讼系属发生前通常不负损害赔偿之责(第993条第1款末尾)。当然,在第991条第2款与第992条中有其例外规定。此外,在用益返还(第987条、第988条、第990条、第991条第1款)以及费用补偿(第994条以下、第1000条)上,也是根据占有人的品质进行了相应的区分。

在该规则的适用范围内,应不适用一般的债权法规定。因为如果适用一般债法,那么依第280条、第281条、第283条、第276条第1款,会导致未被起诉且善意的返还债务人对于任何过失都要承担责任。立法者恰恰要避免这样的处理:未被起诉且善意之人,在其如所有权人那样为行为时,就不应一直要考虑会存在(他人的)损害赔偿请求权(对此,详见梅迪库斯:《民法》,边码574)。

240 2.但由此也不能得出结论,一般债权法在其他情况下也不能适用于物上请求权。其适例为第990条第2款:(恶意)占有人因债务人迟延原因承担的广泛责任保留不变。这里,其前提当然是适用第280条、第286条及第287条。第278条也是可以被适用的,因为由于所有物返还请求权适状(Vindikationslage)的存在,在所有权人与占有人之间存在一种特别关联。在被起诉占有人(指派)的、负责返还该物的辅助人毁损了该物的情况下,被起诉占有人也要根据第989条承担责任。

(二)疑难问题

241 1.上述适用一般债权法时的不统一性,**在第985条情况下**会产生一些问题。比如,对第285条的可适用性就存在争议(通说对此予以正确地否认,有道理。参见梅迪库斯:《民法》,边码599)。

在这里一直要注意的是,根据第241条的债务关系与根据第985条的所有物返还请求权关系之间存在本质**区别**:在债务人将债务标的交给第三人的时候，债法上的债权人对该第三人通常没有请求权（例外只有第826条，参见梅迪库斯：《民法》，边码625），亦即债务关系只约束债务人。相反，在无权占有被移转的时候，所有权人（也就是"物上债权人"）却享有这样的请求权：此时第985条针对的是新的占有人，因为即使该新占有人也必须尊重他人所有权。

2. 第987条以下规定如第1004条**不能直接适用于**某些物上请求权时，**第987条**以下规定是否仍有其适用，也会产生疑问。在这里，似乎不存在一般债法被特别规则排挤的问题，确实有准用所有权人—占有人关系若干规定的必要；如此一来，那么与这些规则相矛盾的一般债法规定，也可能会被排除（参见梅迪库斯：《民法》，边码454）。 242

三、物上请求权的检验

因为**物上请求权**是建立在物权（或占有）的基础之上的，所以首先必须确认物权或占有（如同在原始的合同请求权情形下，首先必须确定合同的成立）。在这里，尤其对于所有权来说，必须区分动产与土地（不动产）：针对不同的客体，须对作为请求权基础之权利的取得与丧失，检验其各自不同的规定。 243

除考察完债权人方面（的构成要件）外，还要检验**债务人方面**的要件：在这里也需要满足特定的构成要件（比如在第985条情况下占有的存在、在第1004条情况下作为妨害人的特性）。

此外，还要思考请求权被**正当性原因**（Rechtfertigungsgrund）所排除的情况：第986条之占有权或者第1004条第2款之容忍义务。

最后尚须提及的是**抗辩权（Einrede）**。这里尤其要考虑的是留置权：包括第1000条以下特别的留置权与第273条及第274条之一般留置权（参见上文边码147），此外还要考虑第898条、第902条适用范围以外的诉讼时效问题（参见上文边码145及边码

146)；对于基于所有权或其他物权的返还请求权，现在要注意第197条第1款第1项之规定。

第十八节　动产所有权的取得

一、所有权取得类型

244 可以通过三种方式取得所有权，即通过法律行为、通过法律或者通过国家行为。其中，最常见的是法律行为取得方式。对此又可以根据出让人是否有权进行分类。在这里，所谓的"有权人"，是自己享有所有权的那个出让人。只有在有权人欠缺处分权的例外情况下，取得才因此不发生。在有些法定情形下（比如第135条第2款、第161条第3款、第2113条第3款、第2211条第2款），与从无权人处善意取得一样，从无处分权的所有权人处善意取得也是可能的。另外，自《联邦最高法院民事裁判集》第43卷第174页之裁判以来，在取得人不知道出让之物（几乎）是进行出让之配偶的全部财产时，判例并不考虑第1365条第1款第2句之规定，也允许进行取得。参见梅迪库斯：《民法》，边码536以下。

二、从具有处分权能的有权人处通过法律行为方式的取得，第929条到第931条

（一）合意

245 1. 第929条到第931条的共同要求是：出让人（即所有权人）与取得人一致同意，应将所有权移转给取得人，第929条第1句。该物权合意是一种**法律行为**，所以，关于法律行为的所有规定（第117条以下）都可以适用于该物权合意。对于失去权利的出让人，他必须要有第107条所规定的完全行为能力；但相反，对于取得人而言，具有限制行为能力就足够了（参见上文边码89）。

246 2. 可适用的关于法律行为的规定，还包括第158条以下的关于**条件**的规定。

(1)由此就可以得出约定**所有权保留**(Eigentumsvorbehalt)的可能性:根据第449条第1款第1句,在有疑问时,买卖价款的完全支付是物权合意的延缓条件;在已经存在交付的情况下,买卖价款的完全支付也是所有权转移的延缓条件。反过来,也可以附加解除条件,主要是在**担保性所有权让与**(Sicherungsübereignung)的情况下(参见下文边码256)。在这里,被担保的债权的清偿是物权合意的解除条件。但在约定回复让与所有权(Rückübereignung)的义务(大多数情况下都会这样约定)的情况下,是不能将其解释为附加解除条件的:所有权的自动回归与回复让与所有权的义务不是一回事。

(2)在所有权保留情况下,所约定条件之构成也可以不同于第449条第1款所规定的。在**扩展型所有权保留**(erweiterer Eigentumsvorbehalt)情况下就是如此:在这里,单纯地付清在所有权保留条件下提供的物的买卖价款,尚不足以成就条件;而是还要付清其他债权,条件才成就,然后所有权才移转。所有出卖方对买受人的债权都进入往来账户,该扩展类型涉及的就是这些债权(往来账户型保留、交互计算保留 Kontokorrentvorbehalt)。在有些情况下,买受人甚至首先必须在第三人处清偿债务,比如,在所有的、与出卖人结成一个康采恩的公司(**康采恩型保留**,Kozernvorbehalt)。但自从1999年1月1日以来,这样的一些所有权保留都是无效的,就如现在第449条所规定的那样。从一般交易条款角度(第307条)来看,往来账户型保留也是值得怀疑的:在这种复杂的条件成就很难被确定的情况下,物权法律关系就不清楚了。 247

(3)与扩展型所有权保留不同,在实践中经常出现的是**延长型所有权保留**(verlängerter Eigentumsvorbehalt)。其中包含如下约定: 248

① 出让人授权(第185条第1款)取得人,在正常的商业过程中(尤其是在完全等价有偿的情况下)可以在支付买卖价款之前

就可以处分(尚属于出卖人的)物。这样一来,所有权保留就被弱化了。

② 作为平衡或补偿,出让人的权利延伸到基于交易而产生的价款债权,而该交易又是出让的基础(比如买卖):该债权作为出让人失去的所有权的补偿而被让与给出让人(第 398 条)。

③ 最后,取得人被授权以自己的名义收取债权(收取授权,Einziehungsermächtigung),(参见梅迪库斯:《民法》,边码 30)。

在结果上,这里的所有权保留只能在一定过渡时间段内保护出让人;然后,出让人受到被让与的价款债权的保护;最后(也就是随着向买受人支付该对价)该保护完全消灭。

另一种类型的延长使所有权保留延长到通过加工保留之物而产生的新物之上(**加工条款**)。这里,会由于第 950 条这一强制性规定而产生很多问题(参见梅迪库斯:《民法》,边码 515 以下以及下文边码 273)。

249 3. 通常,基础行为,比如买卖的有效并不是物权合意有效的前提。这就是德国法所独有的**抽象原则**(参见上文边码 37):与其他类型的处分一样,所有权让与的有效性并不取决于是否负有移转所有权的债务。但在给付的所有权欠缺法律原因时,则必须根据第 812 条第 1 款第 1 句第一种情况所规定的给付型不当得利,返还该没有法律原因而给付的所有权(参见下文边码 379)。但在所有权保留所包含的条件因为买卖价款债权不存在而不能成就时,会产生问题。此时,对取得人的所有权移转就会失败,从而出让人就可以行使所有物返还请求权。

250 4. 有争议的是,在第 929 条以下规定之情况中,一经表示的物权合意是否具有约束力,或者说是否可以经由第 130 条第 1 款第 2 句而撤回该物权合意。根据通说,出让人与取得人还必须在交付时进行合意(参见第 929 条第 1 句的文意);这意味着,一直到交付,出让人都有撤回权(Widerrufsrecht)。所谓的事后(补充)的所有权保留是其适例:在债务合同签订后(比如在账单或者送交单上)才进行(所有权保留的)表示,这样的表示是违反合同的。在这里,无论如何都不存在交付后的有效的物权合意之撤回;所以,所有权仍归取得人所有。而且,必须及时地使取得人知道与交付同时表示出来的但在买卖合同中没有规定的所有权保留。因为取得人的仓库管理人员对于送交单上的所有权保留之意思没有受领代理权;所以,从这一点来看,仅在交送单上的标注常常也是不充分的。

(二)交付及其替代

通常,除了上述合意因素以外,还得加上其他因素。原则上, 251
所有权让与对外应当是明显可见的,所以要考虑物权法上的**公示原则**(Publizitätsprinzip):据此,物权的变动应当是明显可见的。但该原则在动产物权上,尤其由于交付替代的原因,不太起作用了。

1. 根据第929条第1句,出让人必须将物交付(übergeben)给取得人。该交付首要意味着移转直接占有(übertragung des unmittelbaren Besitzes),即移转事实上的物的管领。通过事实行为(Realakt,第854条第1款)或者在开放式占有(取得人随时可以获得物,教学中的例子:田间的犁)情况下通过法律行为性质的物权合意进行交付。但第854条第1款方式的交付被大大地扩张了。

(1)扩张的第一个例子是第855条:根据该规定,非独立的辅 252
助人即占有辅助人(Beistzdiener)的加入是可以的。因为该占有辅助人自己是没有占有的,他所执行的物的移动完全归属于占有主人。比如,在A的仓库工人将物交给B的司机,在法律上,这意味着A对B的交付,尽管二者从没有拿到该物。

(2)对于第929条第1句来讲,在第三人作为占有媒介人出 253
现时,使对方获得间接占有(Verschaffung mittelbaren Besitzes)也

是充分的。比如,可能 K 已经将从 V 处购买的吊车在交货前出租给了 M。那么在 V 直接将吊车移交给 M 时,K 就取得(间接)占有,在结果上就取得了所有权。

254 (3)除了上述以外,还有大多数人都承认的**指示取得、指令取得**(Geheiβerwerb):在这种情况下,一个人要为第三人的行为负责,该第三人并非占有辅助人,但是在物的关系上听从指令。比如,V 将物出卖给 K,而 K 又随即将物出卖给了 D。K 可以指示 V 直接将物交给 D(所谓的延长交易)。如果 V 这样做了,他也不是 K 的占有辅助人(因为不存在第 855 条的构成前提)。但通过服从指示所表现的 K 的**使对方获得占有之力**(Besitzverschaffungsmacht)应当足以使 V 的交付归责于 K:在法律上,V 的交付与 K 的交付是等同的。

与上述相应的是,V 与 K 的关系也被认定为:根据 K 的指示,物被交付给 D,就如同 K 自己进行了交付(即使 K 在此过程中从来没有获得间接占有,也是如此)。在法律上,存在双重给付(从 V 到 K 以及从 K 到 D)。在存在相应的物权合意的情况下,在结果上也有两个所有权让与。如果 K 与 D 之间的物权合意还没有发生效力(可能在该关系中约定了所有权保留),当然所有权暂时“停留”在 K 处。

255 2. 在取得人已经占有的情况下,比如他是承租人或者保管人的情况下,根据第 929 条第 2 句,交付(übergabe)不是必需的。向占有辅助人(作为占有辅助人他是没有占有的,第 855 条)为所有权让与之情形,并不直接符合第 929 条第 2 句的要求;这就使(人们必须假定)占有辅助人的地位首先转变为占有地位。

256 3. 根据第 930 条,出让人保有直接的占有,而使取得人获得间接占有(mittelbaren Besitz verschafft),也是可以的。对此根据第 868 条,需要通过法律行为约定占有媒介关系(占有改定)。

适用第 930 条的最重要的类型是担保性所有权让与(Sicherungsübereignung)。在担保性所有权让与的情况下,对于出让人(即担保提供人)来讲,对用于信贷担保之物的直接占有可能是不可或缺的(按照第 1204 条以下设定质权满足不了这一点)。在这里,根据通说,不需要特意约定第 868 条所称的法律关系中的一种(比如通常那样的保管或者借用)。只要标记“为了担保而进行所有权让与”或者类似的表述就足够了;由此产生的担保人与担保权人的义务在交易习惯上已经被充分地明确化了。反之,不可或缺的是,当事人须明确地确定予以所有权让与的物,却是无关紧要的(Spezialitätsprinzip,特定化原则)。对不断变化存量的仓库货物进行所有权让与担保的情况是比较值得怀疑的:在这里必须要确定,所有权让与涉及的是哪些具体的物。参见梅迪库斯:《民法》,边码 521 以下。

4. 最后一种交付替代形式被规定在第 931 条:在第三人享有物的(直接)占有情况下,出让人可以将他的返还请求权(Herausgabeanspruch)让与给取得人。比如,可以将出租的或者保存(比如储藏)在第三人处的物进行所有权让与。这里涉及的是债权性的返还请求权的尤其是基于占有媒介关系的返还请求权(参见第 870 条)的让与。但相反,并不包括基于第 985 条产生的(被认为是不可以被让与的)物权性返还请求权。在所有权人仅仅享有物权性返还请求权或者他甚至连这个权利也没有的情况下(海底的残骸;跑掉的尚未被找到,因此首先是无主物的狗),仅有物权合意也是足够的。 257

三、从无权人处、通过法律行为的取得(第 932 条至第 936 条)

在第 929 条以下的情况下,需要所有权人与取得人之间的物权合意(第 929 条第 1 句)。相反,在从无权人处取得的情况下,“物并不属于出让人”(第 932 条第 1 款第 1 句);所以,并不能适用第 929 条以下之规定。作为对无权性的平衡,法律又对第 929 条至第 931 条所规定的要件添加了其他要件。 258

(一)取得人的善意

在所有类型的动产(包括金钱、无记名证券,对于它们并不单单适用第935条,参见下文边码260;经常出错!)情况下,取得人必须在特定时间点是善意的。根据第932条第2款,他不得明知或者由于重大过失而不知该物不属于出让人所有。比如,在涉及机动车(Kraftfahrzeugen)时,在出让人不能通过出示机动车执照而证明自己为有权人的情况下,(取得人)几乎肯定是缺乏善意的。

通常,对出让人处分权能(Verfügungsbefugnis)的善意是不受保护的。例外情况有:《德国商法典》第366条第1款(商人的取得)以及《德国民法典》将处分权能的瑕疵等同于无权的情况下(第135条第2款等,参见上文边码66)。根据可资赞同但亦有争议的观点,对于代理权(Vertretungsmacht)的善意,只适用关于容忍或者表见授权(Duldungs-und Anscheinsvollmacht)的规则(参见上文边码66)。对行为能力(Geschäftsfähigkeit)的善意根本是不能受到保护的。

(二)非脱手、基于本人意思(Nichtabhandengekommensein)

259 1. 善意取得使原所有权人丧失了他的所有权。在原所有权人先前自愿地自己从自己的手中交出(物)(willentlich selbst aus der Hand geben)的情况下,《德国民法典》通常(例外:第935条第2款)才认为善意取得是有理由的。因为原所有权人自己参与了使他人相信该不正确的法律、权利表象的活动,即由无权出让人的占有而产生的法律、权利表象。第935条从否定角度进行了表述,其目的在于将举证责任分配给有所有物返还请求权的原所有权人:当物是脱手的,即非基于所有权人意愿而丧失直接占有时(den unmittelbaren Besitz ohne seinen Willen),应当排除善意取得。

第935条第1款第2句所指的两种主要情况是:物被偷窃(Diebstahl)与物的遗失(Verlieren)。其他的还有,在威胁(Drohung)

下的脱离(Weggabe)(参见《德国刑法典》第253条、第255条)以及在没有充分判断能力(Urteilsfähigkeit)时的脱离。但这里要考虑的是,取走是事实行为而非法律行为,所以并不能直接适用第104条以下。对于第935条第1款,只是要求判断脱离之意义的能力。在无行为能力的情况下绝对应当是没有该能力的;在限制行为能力的情况下,通常是具备该能力的。

非自愿的对共同占有(Mitbeseitz)的丧失也可以构成第935条所指的脱手;同样,在占有辅助人没有代理权的情况下,非在所有权人意思概括下的、占有辅助人进行的脱离(Weggabe durch einen Besitzdiener)也是第935条所指的脱手(对此有争议)。按照第857条所取得的遗产占有(Erbenbesitz)的非自愿丧失也构成脱手(通过第935条的适用来保护遗产甚至是第857条的主要目的!)。相反,只有在直接占有人自己丧失物的情况下,间接占有(mittelbarer Besitz)的丧失才是脱手,第935条第1款第2句。有争议的是,在某人没有为所有权人媒介所占有的情况下,物在该人处脱手,这种情况并未被本规定的文意所包括(比如贪污犯贪污之物被偷了)。这里应当肯定存在脱手的情况。

2. 根据第935条第2款,金钱、无记名证券以及在公开拍卖情 260
况下取得的物的情况,是第935条的例外(参见第383条第3款)。该规则用于保护这里尤其值得保护的权利交易。对于单张货币(Geldzeichen)来讲,因为单张货币无法被单独标记出来,所以是不能进行所有物返还的:在硬币情况下,几乎不太可能;在纸币情况下,当事人往往是不知道其编号的(例外情况下是可能的,比如在支付赎金的情况下)。这里,只能根据第948条、第947条所规定的真正支付请求权的方式进行救济(对此参见下文边码272),或者直接根据第812条进行救济。

(三)其他一般性要件

由第932条以下可以得出,只能通过法律行为从无权人处取 261

得;一个(单单是表面的)例外被规定在《民事诉讼法》第 898 条(参见梅迪库斯:《民法》,边码 547)。除此之外,涉及的必须是交易行为(Verkehrsgeschäft),因为善意取得恰恰是为了保护权利交易(参见梅迪库斯:《民法》,边码 548 及边码 549)。预先办理继承权的法律行为(交付农庄等)缺乏交易行为性:在这里,被替代的继承权并不会促成善意取得。

另外,在取得人一方,他不得同时作为出让人出现。所以,比如合伙/无限公司可以从合伙人/无限公司成员处善意取得(OHG,在这里至少在取得人一方还存在其他成员);但不能反过来,合伙人/无限公司成员从合伙/无限公司处善意取得(该合伙人/无限公司成员同时又是出让人)。

(四)交付与交付替代

262 除了上述从无权人处善意取得的要件以外,与第 929 条以下的规则相比,第 932 条以下的规则对出让人使对方获得占有的要求更高。

1. 虽然根据第 932 条第 1 款第 1 句,这一点并不适用第 929 条第 1 句的情况(上文边码 251 以下):在这里,出让人自己(或者他的指示之人)使取得人(或者他的指示之人)获得了占有,并且出让人自己没有保留任何占有的残余。这一点就足以证明他是有权人。

263 2. 相反,在第 929 条第 2 句的情况下(上文边码 255),出让人并没有被充分地证明为所有权人:这里,取得人的确也可以不依赖于出让人的指示,已经通过第三人获得了占有;这样一来,出让人不必曾经拥有占有或者使对方获得占有之权力。所以,第 932 条第 1 款第 2 句要求取得人必须从出让人处已经获得占有了。

264 3. 在第 930 条的情况(上文边码 256)下要求被大大地提高了:这里按照第 933 条,物必须被交付给取得人,而且在交付时善意必须继续存在。对于担保让与(Sicherungsübereignung)意味着:

在担保物不属于担保提供人的情况下，只要该担保物根据占有改定而保留在担保提供人处，担保权人就不能取得所有权。只有在物被返还给担保权人的情况下，才可以取得所有权，当然必须持续是善意的（大多数情况下，不可能是持续善意的）。

在担保权人虽然没有所有权但却有期待权（Anwartschaftsrecht）的情况下（因为他自己在所有权保留的情况下取得该物，但还没有完全支付价款，参见梅迪库斯：《民法》，边码 458、边码 462 以下），会产生问题。该期待权可以被用做（当然不太靠得住的）担保工具。这里要区分两种情况：

（1）担保提供人让人能认识到他只是期待权利人，这一点也是符合事实的。那么他就是有权人，可以类推适用第 929 条以下将期待权移转给担保权人：在剩余价款被支付后，担保权人就成为了所有权人。

（2）如果担保权利人与事实不符地、在剩余价款被支付前就违法地冒充所有权人，那么表示的就不是期待权的担保性让与。可以考虑的只能是将表示出来的担保性所有权让与转化为期待权的担保性让与（第 140 条）。如果同意通说的观点，类推适用第 930 条，担保权人取得期待权（如果从这个角度来讲，出让人的确是权利人！）。只有支付剩余价款后、期待权被强化为完全性权利时，担保权人才成为所有权人。

4. 在第 931 条情况下（上述边码 257），第 934 条做了区分：在 265
出让人享有间接占有情况下，与在第 931 条情况下一样，让与（返还）请求权就可以了。如果出让人不享有间接占有，取得人必须从第三占有人处取得物之占有，并且在此时还是善意的；这一规则不同于第 931 条的规定。上述区分导致的问题是，间接占有是否或者如何因为意思变更尤其是不诚实的占有媒介人的意思变更而被结束。之所以是有疑问的，是因为占有媒介人对其上级占有人保守了意思变更的秘密。他在新旧上级占有人面前同时充当着占有媒介人。由此产生了有争议的(为通说所否定的)并存占有(Nebenbeseitz)的问题,对此详见梅迪库斯:《民法》,边码558以下。

(五)无负担的取得,第936条

266 上述第932条至第935条规范的是从非所有权人处的善意取得。与此相对应的是,第936条设计的是在物上负担有第三人的权利的时候(用益权与质权)的(善意)取得:那么主要类推第932条以下的规定,善意地无负担地取得。

第936条第3款对所有权取得自身(Erwerb des Eigentums selbst)具有特殊意义:V可能在所有权保留的条件下将物的所有权移转给K,并且交付给K了。之后,V可能又将同一物的所有权没有附加条件地让与给了D(按照第931条)。那么人们可以考虑,在D根据第161条第3款、第934条、第931条善意取得的情况下,K的期待权(上文边码264)就消灭了。但如果K自己是物之占有人,就不能类推适用第936条第3款:K保有他的期待权,并且可以通过支付剩余价款而成为所有权人。参见梅迪库斯:《民法》,边码462。

四、法定取得

(一)通过继承,第1922条第1款

267 在一定程度上,通过继承取得所有权(以及所有其他权利),既有法定因素,也有意定因素:一方面,根据第1922条第1款,随着继承开始,遗产根据法律移转给一个或多个继承人;另一方面,被继承人通过法律行为确定谁应当是继承人(遗嘱,第1937条;继承合同,第1941条)。当然这里有很多不同于法律行为一般规定之处,比如在错误(第2078条以下)、遗嘱能力(第2229条及第2230条)以及书面形式(第2247条)等方面,代理也被排除了。

关于所有权取得自身没有什么重大问题:继承人接替被继承人所享有的权利地位,也承受存在的处分之限制。但是对于继承人可能会附加地产生一些限制,尤其是通过后位继承(Nacherbschaft 第 2113 条以下)或者遗嘱执行(第 2205 条以下)而产生的限制。

(二)通过时效取得,第 937 条以下

有时,尽管取得人是善意的,但也不能从无权人处取得,如因为第 935 条第 1 款或者因为出让人没有行为能力。由此产生的表象与权利的分离会为第 937 条所“修补”(当然实践中很少发生):十年的自主占有导致的是法定所有权取得。当然,取得人必须在取得自主占有时是善意的,而且他不得事后肯定地知道他是无权利的。 268

不当得利法上的平衡(bereicherungsrechtlicher Ausgleich)问题,是时效取得制度在法律中没有规定的问题:在哪些条件下,“被剥夺权利”的原所有权人可以根据第 812 条以下要求补偿?《帝国法院裁判集》第 130 卷第 69 页处的判例处理了该问题:一个精神病人将 Adolf von Menzel 的原作品赠送给了慕尼黑绘画陈列馆;在这里,陈列馆善意地占有这些作品有十年之久。在此期间被设定的监护人现在要求返还该画。由于时效取得的原因,对此不可以考虑适用第 985 条,但却可以适用第 812 条。帝国法院否定了被时效取得的所有权自身可以根据不当得利返还的观点,因为第 937 条通常构成了法律原因。虽然如此,如同该案一样,在导致时效取得的自主占有是没有法律原因而获得的情况下,可以根据第 818 条第 1 款,通过自主占有而获得的所有权也要按照不当得利被返还(有争议)。

(三)通过附合,第 946 条、第 947 条

1. 根据第 946 条,土地所有权延伸到与作为重要成分而与土地连在一起的动产。因此要引致到规定重要成分的第 93 条及第 94 条;因为重要成分“不能是特别权利的客体”(第 93 条);如果动产与土地的关联性不存在了,那么该动产就是一个独立的权利客体。一定程度上,该客体非常必要地并入了土地。尤其基于第 269

94 条可以得出的是,随着建入,建筑材料上的所有权保留大部分情况下就消失了。适用第 648 条,或者适用第 648a 条,对先为给付的企业主的担保都是不充分的。根据第 951 条,对于权利丧失可以进行不当得利法上的平衡。

270 2. 不同的是,第 947 条处理的是多个动产互相附合的问题:在这些动产成为一个统一的物的重要成分的时候,各部分所有权人通常在整个物上、按照他们各自附合的价值份额享有共有权。

但在这里要在不同于一般用语的意义上理解第 93 条:与一般用语不同,第 93 条根据的并不是整个物是否因为分离而被毁坏或者被重大地改变,而是组成部分(Bestandteile)是否因为分离而被毁坏或者重大改变。那么,根据第 93 条,与机动车附合在一起的车轮与发动机并不是机动车的重要成分:即使在脱离后,它们还是作为车轮与发动机,可以被使用。所以,将之在所有权保留条件下交出之人不能行使所有权返还请求权。但第 947 条在实践中没有乍看上去那么有意义。在第 947 条情况下,至少要准用第 948 条第 2 款:在分离不成比例地昂贵的情况下(如从机器中拧出螺丝),也会被认定为整个物的重要成分。

(四)通过流体混合与固体混合

271 1. 通过流体(气体与液体)混合与固体(固定的物体)混合,部分的统一性可能丧失。比如,在 A 的燃料油流入 B 的半满的油桶的情况下,不能(至少不能以可期待的费用,参见第 948 条)确定,哪些分子属于 A,哪些分子属于 B。但所有权只能存在于特定的物之上(参见上文边码 35)。所以第 948 条第 1 款引致到第 947 条:通常应当按照各自加入的份额的价值比例产生一个共有权(Miteigentum);例外情况下,主物的所有权人享有单独所有权,但根据第 951 条、第 812 条进行不当得利平衡。

272 2. 在货币进入他人的钱箱(或者钱包),而且没有发生所有权取得(比如因为支付者无行为能力,或者在支付者没有权利时,取得人并非善意)的情况下,是一种特别的混合情况。如果该无效地被让与所有权的货币没有例外地是不可以被辨认的,那么就会出现第947条所规定的两个法律效果之一。这里参见可取的是,根据第947条第2款承认钱箱所有权人的单独所有权(Alleineigentum des Kasseninhabers);否则,在其他支付进入钱箱时或者从钱箱中付出的情况下,就会产生一个完全无法概览的所有权关系。支付者享有根据第951条、第812条的不当得利请求权。

(五)通过加工,第950条

在分工经济中,在原材料(如铁矿)与最终产品(如机动车)之间常常有许多工序(如矿井—冶炼厂—轧钢车间—汽车厂)。如果所有的工序都由一人承担,或者在诸多主体之间所有权被有效地让与,就不会产生什么问题。但在缺少有效的所有权让与的情况下,情况就不同了,尤其在存在所有权保留(Eigentumsvorbehalt)的情况下:供货者所保留的所有权在加工后还能存在么,还能在新物上继续存在么? 273

在加工创造了新物的情况下,而且加工的价值并不比原材料的价值少很多(如由薄钢板制成了汽车身)的情况下,第950条对上述问题做了否定回答。但该归属最终并没有使成为所有权人的加工人受益,加工人一直负有买卖价款之债务。加工人的债权人反而受惠:其债权人可以畅通无阻地在新物上进行强制执行。一般认为,对于加工企业中的单个劳动者,总归不能适用第950条(他们不是“加工人”)。关于通过附加条款使所有权保留不受加工影响的尝试,参见梅迪库斯:《民法》,边码515以下以及上文边码248。

(六)通过债权取得,第952条

在债权文书或者类似证书上(尤其抵押权证书与土地债务证书,第952条第2款),根据第952条第1款,不是通过物权合意与交付取得所有权,而是所有权(强制性地)属于“被证书化”的权利 274

的债权人。如果进行让与(如按照第 398 条让与债权),那么证书上所有权根据法律移转:新债权人可以根据第 985 条向原债权人(或者第三人)请求返还该证书。其他第 952 条的重要适用情况是储蓄簿(Sparkassenbuch)以及机动车执照(Kraftfahrzeugbrief)准用:该执照属于机动车所有权人。

(七)出产物以及其他成分的取得,第 953 条以下

275 1. 物的出产物(如母牛的小牛或者采石厂的石头)以及其他成分在分离前属于该物。在结果上,母物的所有权也延伸到尚未被分离的出产物与成分之上。相反在分离后,需要独立的归属:小牛出生后属于谁?第 953 条以下回答这一问题:这些规定确立了一种取得权利的顺位规则(Rangordnung der Erwerbsberechtigten),即前者(如所有权人,第 953 条)让位于后者(如用益承租人,第 956 条)。

最有争议的是第 956 条、第 957 条规定的取得允许(Erwerbsgestattung):所谓的“移转理论”在取得允许上只看到了第 929 条以下的适用类型,即对将来物的、法律行为方式的所有权让与的一种特别情况。相反,值得优先考虑的是“先占理论”,这种理论将该允许理解为对允许人当前的取得权的处分。无论如何都出现了法律行为因素(rechtsgeschäftliche Elemente)。所以,根据第 955 条、第 957 条,从无权人处的善意取得是可能的。

276 2. 通过第 953 条以下确立的归属没有表明出产物或者成分最终归谁;相反,有不少将根据第 953 条以下取得的所有权移转的义务。比如第 988 条就是如此:虽然善意自主占有人通常根据第 955 条成为出产物的所有权人,但必须在无偿取得母物的情况下,将出产物的所有权让与给母物的所有权人。

(八)其他方式的取得

277 除了上述动产所有权的法定取得原因之外,还有其他的几个原因,如并入企业从属财产(第 582a 条第 2 款第 2 句)、拾得遗失

物(第 937 条及第 938 条)以及埋藏物发现(第 984 条)。在许多处都出现的物上代位(dingliche Surrogation)意义很大:根据法律替代遗失或者被让与的物的另一个物。比如根据第 1646 条,父母用子女的资金取得的动产时,就是这种情况;或者根据第 2019 条第 1 款,遗产占有人以遗产的资金进行的取得时。这些规定应当保证财产不得为替代物的被包含进来而有所减少。

五、通过国家行为的取得

在与私法的关联上,可以根据《德国强制拍卖与强制管理法》 278
第 90 条第 2 款,在不动产强制拍卖中拍定后,通过国家行为取得动产,只要拍卖涉及这些动产即可(如土地从物,《德国强制拍卖与强制管理法》第 55 条第 2 款)。在动产强制拍卖(Mobiliarzwangsversteigerung)中,被拍定的物的交出(《德国民事诉讼法》第 817 条第 2 款)是否也可以产生通过国家行为的所有权,是非常有争议的,参见希罗克斯/瓦尔克(Brox/Walker)的《强制执行法》(1999 年第 6 版),边码 411 以下:通说对这一问题做出了肯定回答,但没有令人信服的理由。肯定不属于本类型的是根据第 383 条第 3 款的在公开拍卖中的取得:这里毫无疑问的是根据第 929 条以下通过法律行为方式进行的取得。

第十九节　土地所有权的取得

在土地所有权的取得情况下,也划分为三大类取得原因,即法 279
律行为、法律以及国家行为(参见上文边码 244)。这里法律行为方式的取得的意义更为重大。

一、从有处分权能的有权人处的法律行为取得(第 873 条、第 925 条)

(一)物权合意(土地所有权让与合意 Auflassung)

1. 对土地以及土地权利的处分,第 873 条第 1 款要求有一般的物权合意以及在土地簿上的登记。对于该土地所有权移转的特别情况，在第 925 条第 1 款第 1 句中，称这里的物权合意为土地所有权让与合意。与根据第 873 条的（动产）物权合意不同，该土地所有权让与合意是要式的（formbedürftig），而且通常必须在公证人处进行表示，第 925 条第 1 款第 1 句。在表示时，必须出示关于债权性的基础行为的证书，第 925a 条；但这些并非生效之前提。

280 2. 根据第 925 条第 2 款，土地所有权让与合意上不能附加条件或者期限。所有权法律关系应当单从土地簿中就可以看出，而不必在条件的成就或不成就被确定时才清楚可见。所以，对土地权利的所有权保留是被排除的。但可以通过登记一个为了尚未确定的买卖价款债务担保的抵押权或者土地债务的方式，达到与所有权保留类似的功能：与动产质权（第 1205 条）不同，该负担作为非占有担保权并不阻碍对买受人的交付。预告登记也可以弥补不能约定所有权保留的不足（参见下文边码 284 及边码 285）：首先土地出让人保有所有权，但使取得人获得一个可以对抗第三人的让与所有权之请求权。

281 3. 在第 929 条处争议的**物权合意上的拘束力**（Bindung an die Einigung）的问题（参见上文边码 250），在不动产物权方面，第 873 条第 2 款有法律规定。这里所指的拘束力前提是：在土地所有权让与合意时，必须做成公证文书。虽然第 925 条第 1 款第 1 句要求的只是在公证员面前表示（Erklärung vor einen Notar）。但公证员一定将表示做成文书，因为这对于《土地登记法》第 29 条所要求的证明一直是必需的（参见上文边码 283）。

对于拘束力，第 878 条还附加地规定，该表示独立于之后出现的**处分限制**（Verfügungsbeschränkungen）。在这里，不仅必须要具备按照第 873 条第 2 款的拘束力，而且必须已经提出了登记申请。

（二）登记

282 1. 对于所有权取得的第二个构成要件是取得人在土地簿上

的登记，第 873 条第 1 款。登记与在动产时的交付的作用相同；尤其是通过登记可以（比通过交付更好地）充分满足物权法上的**公示原则**（Publizitätsprinzip）。与交付替代方式类似的登记替代方式是没有的。

2.《德国民法典》确定了登记的实体法效力，而在土地登记法（Grundbuchordnung）中规定的是登记的程序法上的前提条件（verfahrensrechtliche Voraussetzungen）。特别重要的是如下规定： 283

登记时通常需要申请（Antrag），《土地登记法》第 13 条。取得人与出让人都可以提出申请，但实际上大部分情况下都是由取得人（至少是取得人与出让人一起）提出申请。另外，根据《土地登记法》第 19 条，涉及其权利者的准许（Bewilligung）是必需的。根据《土地登记法》第 29 条第 1 款第 1 句，该准许必须为签字公证书或者内容公证书所证明。最后，为登记所涉及权利者必须是在先登记的，《土地登记法》第 39 条第 1 款（例外，《土地登记法》第 40 条）。

对于土地登记机关而言，如上所述，基于申请以及准许所产生的所谓的形式上的合意（formelle Konsens）通常就是足够的了。但根据《土地登记法》第 20 条，对于土地所有权让与合意的登记恰恰是一个例外：应当向土地登记机关证明土地所有权让与合意，这样一来，这里审查的就是所谓的实体上的合意了（materielle Konsens）。

（三）预告登记的作用

1. 除了上述的登记前提要件以外，根据公法，还要满足其他要件，尤其包括支付土地取得税以及公法人未行使优先购买权。等到上述问题被澄清后，可能已经过去好几个月了。也就是说，登记以及以登记进行的所有权取得要被推迟这么久。 284

在此期间，虽然因为第 873 条第 2 款，出让人不能撤销他的土地所有权让与合意表示，但的确存在**在此期间处分的风险**（Gefahr von Zwischenverfügungen):出让人可以将土地所有权让于第三人;他或者在强制执行中他的债权人也可以使土地承担一些负担。《土地登记法》第 17 条对此规定了一定保护措施:涉及同一权利的多个申请按照到达登记机关的顺序被办完。据此,先提出登记申请者必须先于所有后申请者而被登记。

如果该顺序被遵守,根本就没有后来登记的发生:因为(登记之)准许一定都是出让人做出的(或者存在指向他的执行名义,基于该执行名义进行强制执行)。如果在此期间,代替出让人,取得人被登记了,其他的准许就再也满足不了《土地登记法》第 19 条的要求了:这些准许并非是其权利为进一步的登记所登记之人。

但是《土地登记法》第 17 条对先前申请人的保护是不太有效的。因为:首先,无视该规定的效力不是实体法上的:通过违反规定首先被登记的后提出申请者也取得了他的权利。其次,按照《土地登记法》第 18 条,提出的申请被驳回时,该申请也是被"办完"了。

285 2. **预告登记**(Vormerkung)可以弥补上述空白。根据第 883 条第 1 款,预告登记担保对权利取得的债法上请求权。由此得出的是预告登记对其担保的请求权的附随性(所谓的预告登记的附随性):在请求权不存在时,预告登记也以同样方式失去效力。

但有效的预告登记也不会导致**土地簿冻结**(Grundbuchsperre)的效果。在进行预告登记后,也可以(甚至必须)办理那些与被预告登记的权利取得矛盾的申请。也就是说,所有权取得的请求权的预告登记并不妨碍第三取得人的登记。但根据第 883 条第 2 款、第 888 条,预告登记有如下效力:在预告登记后进行的处分(也包括通过强制执行进行的处分),只要会阻碍或者损害被预告登记的请求权,就是**无效的**(unwirksam)。然后,被预告登记请求权的债权人可以向第三取得人要求登记或者涂销的**同意**(Zustimmung)。在结果上,可以对抗后确立的权利,被预告登记的请求权得以实现。

例如，V将一块土地出卖给K，并且同意他进行预告登记：预告登记被登记了。之后，V又将土地所有权让与给了D。现在，K当然可以基于买卖合同向V要求土地所有权让与之合意（Auflassung）以及对所有权的登记之准许（Eintragungsbewilligung）。但对于K来讲，单有该准许是没有用的，因为在此期间，涉及了D的所有权（《土地登记法》第19条）。所以，根据第883条第2款、第888条，D必须对K的登记进行同意。

由于该物权上的效力，被预告登记的买受人可以相当放心地在登记为所有权人之前就支付买卖价款：只要被预告登记之请求权没有消灭（如因为撤销买卖合同而使该请求权被消灭），那么，买受人的所有权取得就有了保障。

二、从无权人处的法律行为方式取得（第892条）

（一）与第932条以下的区别

就权利关系状况而言，土地簿所给出的信息要比占有所给出的可靠得多。所以，与第932条以下的规则相比，第892条更广泛地允许从无权人处的取得。其主要区别如下： 286

1. 在土地、不动产法上，与第932条第2款所规定的不同，取得人的重大过失是无关紧要的。相反，根据第892条第1款第1句，该取得人必须**明确知道**（positiv kennen）土地簿是不正确的（或者必须针对其正确性登记了一个异议，参见下文边码287）。在此，对于该善意，通说并不要求取得人的确查阅了登记簿：只要造成权利表象的登记存在，就足够了。

2. 在为了特定人利益进行**处分限制**（Verfügungsbeschränkungen）的情况下（所谓的相对的处分之限制），适用第892条第1款第2句：这些限制或者必须被登记或者对于取得人来讲是明知的；否则这些限制对于取得人是无效的。与第932条以下所规定的不同，第892条也直接调整从其处分权被限制的权利人处的取得。

3. 对于土地取得，与第932条以下规则不同，**占有或者交付**不产生任何效果。所以,也没有与第935条相适应的规定。

(二)异议

287 由于上述所描述的从无权人处的不动产取得的容易性,对于没有被登记或者没有被正确登记的权利人来讲,登记簿的不正确一直是个风险:被登记的不正确的权利状况可以导致第三人的善意取得。根据第894条所可以要求的**土地簿更正**(Grundbuchberichtigung)(参见下文边码308),可以最终解决该问题。但这种(更正)请求权的实现(根据《民事诉讼法》第894条)可能会持续很长时间。在实现前,权利人可以根据第899条要求异议登记,而且也可以通过暂处分(durch einstweilige Verfügung)(根据《民事诉讼法》第935条以下)。按照第892条第1款第1句,该异议排除了成为异议权利人负担的善意取得(梅迪库斯:《民法》,边码550以下)。

三、动产与不动产取得的界限

288 通常,动产很同容易区别于土地以及土地的重要成分。但在所谓的**表见成分**(Scheinbestandteil)的情况下,可能有些麻烦:根据第95条第1款,与土地只是为了暂时的目的或者在行使土地权利(尤其是役权)的过程中结合在一起的动产,并非土地之成分,如高压电线干、管道,有些情况下也包括狩猎房。就第95条第1款的前提要件,既不需要向外表现,也不需要在土地簿中标明;尽管如此,这些(被视为动产的)物的移转还是按照第929条以下进行。

但根据第926条第1款,对**土地从物**(Grundstückszubehör)(参见第97条及第98条)适用例外规则:如果土地从物属于出让人,那么就按照土地权利移转;比如,农民田庄的取得人通常通过土地所有权让与合意以及登记也取得了拖拉机以及牲畜(所有权)!相反,如果该从物不属于出让人,那么根据第926条第2款,适用第932条以下规则(动产善意取得规则):这里,尤其是取得人重大过失以及(物的)脱手/非自愿脱离都会否定善意取得,而且,交付或者交付替代对于从物的移转是必备要件。

四、土地所有权的法定取得

根据法律,与动产所有权一样,可以通过继承取得土地所有 289
权。而作为法定取得原因,时效取得(Ersitzung)在实践中意义并不大:按照第900条,时效取得必须根据土地簿册(所谓经由登记人的时效取得,Tabularersitzung)。没有被登记者连续30年自主占有,可以根据第927条并在其他前提条件下可以获得一个针对所有权人的排除之判决(Ausschlussurteil),然后自己被登记为所有权人(所谓的反登记人之时效取得,Kontratabularersitzung)。但严格来讲,这里的取得不是通过法律,而是通过判决实现的。

五、通过国家行为的土地所有权取得

在私法范畴内,也可以通过强制拍卖中的拍定而取得土地所 290
有权(《德国强制拍卖与强制管理法》第90条第1款)。即使强制执行债务人不是所有权人,(竞拍人)也可以取得,而且不论该取得人、竞拍人是否为善意。

第二十节　所有物返还请求权的其他前提要件

对于基于第985条的所有物返还请求权,请求权提出人(在 291
法庭上:原告)的所有权是最易产生问题的前提要件。从上文边码244开始,我们已经详细地叙述了所有权取得。所有权丧失几乎一直建立在另一个人取得所有权的基础上;这里,丧失只是取得的反面。其他丧失原因的情况是很少的:如在动产情况下,第959条、第960条第2款、第961条;在土地情况下,第928条第1款。

除了原告的所有权外,对于第985条尚须满足其他几个前提条件。

一、被告的占有

292 在被提起返还之诉（即诉讼系属发生，《民事诉讼法》第253条、第261条）时，被告必须曾经为占有人。基于《民事诉讼法》第265条第2款第1句，事后的占有之移转不会使返还之诉变得没有理由而被驳回：判决会对占有继受人产生效力，《民事诉讼法》第325条第1款。如果继受人在占有取得时就诉讼系属是善意的，那么根据第325条第2款做例外处理，即根据《民法典》第932条以下、第892条，该判决的法律效力不对善意占有继受人产生效力。

原告可以不继续行使所有物返还请求权，在被告有过错的情况下，可以转而要求基于第989条的损害赔偿（参见《民事诉讼法》第264条第3项）。如果返还之债务人在诉讼系属前就丧失了占有，那么就会出现基于第990条的**损害赔偿请求权**（Schadensersatzanspruch）。

通常对于第985条，**间接占有**至少也是足够的（详见梅迪库斯：《民法》，边码448）。**共同占有人**（Mitbesitzer）负有移转其占有份额的债务。相反，单纯的**占有辅助人**（Besitzdiener，第855条）并不是所有物返还请求权的债务人；这里被请求人必须是占有主人。

二、占有人没有占有权

293 根据第986条第1款第1句，在占有人享有占有权利的时候，占有人可以拒绝返还。虽然这听起来像须主张的抗辩（“可以拒绝”），但如在与其比较类似的第1004条第2款所明确表述的那样，这里的意思是**请求权之排除**（Anspruchsausschluss）：诉讼被立即驳回（即使在被告缺席的情况下，参见《民事诉讼法》第331条）。对于占有之权利要区分：

（一）物权

294 物权性的占有权利的效力**可以对抗任何人**（gegen jedermann）。

在这类占有权情况下,不需要追问,该占有权利是否恰恰对要求返还的所有权人有效力。其典型适例是第 1204 条以下规定的**动产质权**(Mobiliarpfandrecht)以及法定质权,尤其是**承揽人法定质权**(Unternehmerpfandrecht),第 647 条。根据该规定,当然只在属于定作人(Besteller)所有权的物上产生法定质权。在非定作人的物上,是否可以根据第 1207 条善意取得,是有争议的。通说尤其是判例在指引第 1257 条的前提下否定了该善意取得:据此,第 1204 条以下只能准用于根据法律已经产生的质权,但不能适用于该质权的产生问题。该争论主要发生在机动车修理、非所有权人进行修理委托的情况下(比如在所有权保留下的买受人委托修理)。所以,机动车修理企业在其一般交易条款中规定了**出质条款**(Verpfändungsklausel):通过该条款,第 647 条的法定质权转变为修理委托人通过法律行为所设定的质权(在结果上可以适用第 1207 条、第 932 条)。当然,有些人认为该"策略"是违反风俗的而加以否定,因为该策略独自就造就了在非修理委托人的物上取得质权的可能性。但判例允许出质条款有效。这样一来,以前被选择的、非常有争议的结构几乎变得无关紧要了:修理企业可以就其修理费用对那个并非所有权人的修理委托人享有基于第 1000 条的留置权。详见梅迪库斯:《民法》,边码 587 以下。

(二)债权

1. 许多债务合同都得使一方当事人获得占有的权利,主要有 295
租赁、用益租赁以及借用。但这些占有权通常**只有针对合同当事人**的效力。比如,在出租人出租给承租人时,单单通过承租人与出租人之间由此产生的占有权利还不能阻止作为所有权人的第三人请求所有物返还。相反,不同的是,在出租人自己也是从所有权人所有权人处租赁来的,并有权进行转租赁,那么在承租人与所有权人之间存在两段**占有权利桥梁**(Beseitzrechtsbrücke),即承租人—出租人—所有权人。

但是,只有在两段都“完好无损”的情况下,该占有权利桥梁才保护承租人:在所有权人与出租人的租赁合同结束时,所有权人也可以向承租人请求所有物返还(而且除此之外还有基于第546条第1款的请求权)。相反,只有出租人与承租人之间的租赁合同终止了,那么基于第546条第1款,出租人才享有债法上返还请求权。如果出租人最终没有转租的权利,那么就适用第986条第1款第2句:所有权人通常只可以向承租人请求将物返还给出租人;相反,只有在出租人不愿意接受租赁物的时候,才可以请求将租赁物返还给自己。

296 2. 但债法上占有权利的**相对性**(Relativität)为第986条第2款所淡化:当(动产)物按照第931条被出让时,针对出让人确立的占有人的权利也对取得人有效力。在土地情况下,不适用第986条第2款;而且在土地情况下上述规则也是没有必要的:第566条、第578条已经规定了占有移转后的租赁之第三人作用,因为取得人加入了租赁合同关系,也受上述规则保护(参见上文边码211)。

297 3. 在取得所有权前,**买受人**在交付给他的买卖标的物上已经有占有权了,而且不取决于是否存在期待权。在买受人迟延支付买卖价金期款或者违反合同地处理了买卖标的物的情况下,占有权并非就已经消灭了。所以,出卖人必须首先解除合同(第323条、第449条第2款)。在买卖价金经过诉讼时效后,(保留)出卖人也可以根据第216条第2款第2句解除合同:保留的所有权应当担保买卖价金债权,所以,买卖价金经过诉讼时效不应当阻止出卖人从物上获得清偿。

三、没有其他对抗事由

(一)基于第1000条的留置权(Zurückbehaltungsrecht aus § 1000)

298 值得强调的是,特别与所有物返还请求权相关的是由于费用而基于第1000条行使的留置权：费用的可赔偿性根据的是，占有人在进行（占有）时是否是善意的，或者是否被起诉，或者是否是善意且没有被起诉的。在第一种情况下，只适用第994条第2款连同第995条；在第二种情况下，适用第994条第1款、第995条、第996条（详见梅迪库斯：《民法》，边码890、边码895以下）。除了留置权以外，只有在第1001条特别前提要件下才会出现占有人自己的赔偿请求权。否则，占有人只是享有基于第1000条的留置权（如果他不愿意行使第997条规定的取走权的话）。根据第1003条，该留置权甚至会导致产生一种变价权（Verwertungsrecht）。

按照正确的观点，与基于第273条一样，基于第1000条也不会产生**占有的权利**（Recht zum Besitz）。因为占有的权利导致的是驳回起诉的结果（所有物返还请求权不存在）。相反，在留置权情况下，只能判决同时履行返还义务与费用补偿义务。

（二）其他对抗手段

就这一点，返还债务人还可以行使其他的、一般的对抗手段， 299
包括上述的第273条、《商法典》中的第369条以及30年经过（第197条第1项）后所有物返还请求权经过诉讼时效（除了对被登记的土地权利人的返还请求权，第902条）。在所有权人必须将被返还的物立即还给占有人的情况下，尤其要考虑第242条（诚实信用原则）作为对抗手段（恶意请求人必须返还其起诉所得，dolo petit qui petit quod redditurus）。

第二十一节　其他基于所有权的物上请求权

除了所有物返还请求权以外，还有其他几项物上请求权，这 300
些请求权主要是建立在所有权的基础上。

一、否认请求权(第 1004 条)

(一)妨害(Beinträchtigung)

第 1004 条的前提是,所有权人为“占有人褫夺(Entziehung)、拒绝返还(Vorenthaltung)以外的方式所侵害”。所以,第 1004 条是作为关于占有人拒绝返还的规定,即第 985 条的补充(参见上文边码 237)。对所有权人基于第 903 条享有的权能的各种侵害,尤其是对土地用益的侵害,都属于第 1004 条的情况。对所有权人所有权的否认也是一种对所有权人的损害。

否认之诉(actio negatoria)的称呼最早源自罗马法:该诉是对被告在物上所主张的权利的否定,即对得被妨害的权利的否定(如通行权)。

(二)妨害人(Störer)

301 基于第 1004 条的请求权针对的是妨害人。所谓妨害人,就是进行妨害之人。在这里,通常区分行为妨害人与责任妨害人,此与公法上的分类是一致的。

1. 何为**行为妨害人**(Handlungsstörer)? 比如自己制造噪声的那个人、走过或驶过他人土地并卸载垃圾的人。属于妨害人的还有:在自己土地上建造危及邻居土地的建筑物的人(参见第 907 条),或者以一种危及邻居土地的方式挖掘其土地的人(参见第 909 条)。对于所谓精神上的侵害(如仇恨的注视)(请参见梅迪库斯:《民法》,边码 442),通常并不构成第 1004 条规定的请求权。

302 2. 比较难以描述的是**状态妨害人**(Zustandsstörer):他对一个对他人所有权产生妨害的状态负责。这里的问题是何为“负责”:斜坡滑落,危及坡下交界的邻居,那么,从哪里引出滑坡土地的所有权人或占有人的责任的呢? 通常人们无须对“自然作用”(natürliche Einwirkungen)负责:对于非人为侵害所妨害的、只是因为大雨而造成的滑坡,没有防御请求权(Abwehranspruch);在这里,对于坡下邻居来讲，只是一个自始就存在的危险，只是现在变为了现实。但如果该土坡通过人的干预(menschliche Eingriffe)(如通过道路工程)而变得不牢固了，那么就不仅道路工程建筑人要作为行为妨害人承担责任了，所有权人(甚至后来的取得人)也要作为状态妨害人对横跨道路滑落的土地承担责任。

但这种状态责任会有**非常严重的后果**(überaus harte Ergebnisse)。比如不知道是谁将不允许的有毒垃圾卸载在他人土地上，因此对该土地的相邻土地造成了危险。那么，如果让“堆放垃圾土地”的、无过错的所有权人对可能花费巨资才能排除的妨害负责，无论是按照私法还是公法，都是不符合公平的。在我看来，这种情况下，比较正确的做法应当是：所有权人只应负有**容忍**另一个应当负责之人(尤其是那个状态妨害人)**排除妨害**(Duldung der Beseitigung)的义务(但我的观点与通说不同)。

(三)请求权之排除

根据第1004条第2款，在所有权人负有容忍义务的情况下，该请求权就被排除了。这是一种无须主张之抗辩(我认为正确的观点也是如此，第986条)；按照通说，第1004条第2款是侵害的正当事由(但有争议)。 303

1. 这种容忍义务可以来自**法律行为**(Rechtsgeschäft)(与第986条规定的占有之权利类似)：谁享有一个允许其妨害的合同上之准许或者物权(主要是役权，第1018条以下)，谁就可以不被阻止。相对于按照第904条紧急避险行为(Notstandshandlungen)，尚存在**法定**容忍义务，尤其是在被谅解的越界建筑(第912条第1款)以及在必要通行(第917条)的情况下。

2. 更重要的是基于第906条的**一般相邻法上的容忍义务**(allgemeine nachbarrechtliche Duldungspflicht)。该规定建立在如下思想基础上：几乎所有的用益都会以某种方式超出土地的边界而起作用，如该用益也涉及邻居土地。如果因此而不能进行用益，那么或 304

许许多土地(或许那个不能用益的土地自身)都会被荒废的。所以,相邻各方就是为了自己的利益也必须接受一定的妨害:那些对他**不是很重大**(unwesentlich)的妨害(第906条第1款)以及那些在**当地是通常的**(ortsüblich)且只能通过经济上过分要求的方式才能阻止的妨害(第906条第2款第1句)。

上述最后一种妨害,虽然为当地通常性以及不可避免性所正当化,但该妨害对邻居的侵害是巨大的。其典型适例是当地通常的工业设备之排放:周围庄稼的收成会因为该排放而显著减少。对于这些情况,首先(自《帝国法院民事裁判集》,第154卷,第161页处的判例以来,涉及的是奥伯豪森的矿山小屋)判例由"相邻共同体关系"中推导出**补偿请求权**(Ausgleichsanspruch)。1959年,该请求权被规定在法典第906条第2款第2句。人们争议该规定(与第904条第2句处的情况一样)是否是民法上的牺牲请求权(Aufopferungsanspruch):不完全一样,但的确有极为相似之处(参见《联邦最高法院民事裁判集》,第72卷,第289页、第291页)。最近,第906条第2款第2句延伸适用于如下情况,即虽然妨害可能已经被禁止,但**有效防御**(wirksame Abwehr)是可能的,如由于时间的原因(《联邦最高法院民事裁判集》,第72卷,第289页、第294页)或者因为不利之影响事后才表现出来(《联邦最高法院民事裁判集》,第111卷,第158页:射击泥鸽时落下的铅弹)。

305 3. 此外,还有来自**公法**的容忍义务。尤其《联邦排放损害法》(BImSchG)第14条否定了要求关闭那些不可撤销的、被许可的妨害之设备的企业。《原子能法》(AtomG)第7条(对核能设备)与《空气污染防治法》(LuftVG)第11条(对飞机场)也有相应规定。除了法定规则以外,对所谓的**对公共利益重要的企业**(gemeinwichtige Betriebe)(如核能设备与交通设备)的关闭企业之请求权也会被否定。按照没有争议的观点,除了上述以外,通过**国家行为**(hoheitliche Tätigkeit)进行的妨害不能被防御。在这种情况下，只要没有第906条所规定的必须没有补偿地容忍妨害的情况，就会考虑赋予公法上的补偿请求权。

（四）法律效果

1. 按照第1004条第1款，被违法妨害者可以请求**排除**（Beseitigung）妨害。比如，无权卸载的垃圾必须再被拉走。但排除请求权很难与只作为损害赔偿（的一种方式）（通常只在有过错的情况下）而进行的恢复原状（Naturalersatz，第249条）相区分（参见梅迪库斯：《民法》，边码629）。大致可以这样讲：妨害排除只涉及将来，相反，损害赔偿也只涉及过去（比如，通过第252条，也有对所失利益的赔偿）。此外，在不能情况下，就不存在妨害之排除请求权了，而且该请求权不能像在根据第251条损害赔偿的情况下那样转化为对金钱赔偿请求权。 306

2. 按照第1004条第2款，在“有其他妨害之虞”时，可以要求**停止**（Unterlassung）妨害。就该请求权而言，甚至可以在法律文意之外，对抗第一次妨害；已经发生的妨害只是进一步妨害危险的证据。所以准确来讲，应当是反复发生之危险（Wiederholungsgefahr），而不是进行侵害的危险（Begehungsgefahr）。 307

二、土地簿更正请求权（第894条）

1. 如果有登记能力的土地权利没有被登记或者没有被正确地登记，那么就存在如下风险：该权利为按照第892条的善意第三人取得所妨害甚或该权利会因而消灭。相反，被虚假登记但实际上并不存在的“登记簿权利”（Buchrecht）会因为善意取得而具有效力。对此，根据第899条的异议登记可以起到暂时的弥补作用（参见上文边码287）。但这往往是不够的。比如，异议并不能使没有被登记的所有权人享有处分权能；要处分，他还必须进行相应的土地簿登记。 308

该登记可以建立在不当登记者的**准许**（Bewilligung）的基础上。比如，在抵押权被通过信贷偿还方式所清偿时，被登记的债权人可以准许抵押权的涂销。但如果该人拒绝进行准许,可以按照第 894 条处理:没有或者没有被正确地登记之人可以向相关登记簿权利人要求**进行更正的同意**(Zustimmung zu der Berichtigung)。在这里,土地簿册的不正确性是一种特别被规范的妨害之类型。如果没有特别规定,可以归为第 1004 条或者类似规定之中;但上述规则现在为第 894 条所排除了。必要情况下,义务人必须首先自己被登记,即第 895 条。

309 2. 除了上述物权请求权以外,还有基于第 812 条的、**债法上的更正请求权**(obligatorischer Berichtigungsanspruch)。比如,被登记的非权利人没有法律原因地移转他的登记簿权利,那么,他可以根据第 812 条第 1 款第 1 句第一种情况要求返还“任何利益”的给付。相反,在这种情况下,不能适用第 894 条,因为只有实体法上的权利人才享有该更正请求权。

三、第三人异议(干涉)之诉,《民事诉讼法》第 771 条

310 对非债务人财产上的**无权之强制执行**(unberechtigte Zwangsvollstreckung)是一种特殊类型的妨害:对债权人承担责任的只是债务人的财产,所以,第三权利人必须能对这些强制措施进行防御。对此需要一个特别的请求权基础——《民事诉讼法》第 771 条,因为这里的妨害是因为国家行为产生的,所以不能按照第 1004 条对此进行防御。

尤其在所有权人之物为强制执行债务人所直接占有时,就会出现对非债务人财产强制执行的问题。法院执达员在执行时以外在可以识别的“管领力”(Gewahrsam)为准。如果在物上存在第三人的“阻碍让与的权利”(《民事诉讼法》第 771 条),那么(该第三人)可以事后通过基于《民事诉讼法》第 771 条的诉讼主张权利。根据通说,单纯的**担保性所有权**(Sicherungseigentum)也属于该规定所指的权利之一,即使该担保性所有权被附加了解除条件也是如此;所以,担保性所有权人在这里获得的不仅仅是根据《民事诉讼法》第805条的、为担保物权确定的优先受偿权。

夫妻可能会滥用《民事诉讼法》第771条,并非债务人的那一方宣称为所有权人(并为另一方所证明)。在一定范围内,第1357条对此可以调整:就为了满足生活需要进行的法律行为,它规定夫妻为共同债务人(第427条)。第1362条第1款第1句对此进一步调整:为了债权人的利益,被强制执行的夫妻一方被推定为所有权人。该规定为《民事诉讼法》第739条规定的管领力推定(Gewahrsamsvermutung)规则所补充:管领力推定规则也使得没有负债的夫妻一方很难提出异议(《民事诉讼法》第766条),即以如下理由而提出异议:物在其(共同)管领力之下,所以不得被扣押。与第1362条相应的推定规则现在在《生活伴侣法》(LPartG)中也规定了。

第二十二节 基于占有的请求权

返还请求权以及在第862条情况下的排除妨害请求权与不作为请求权不仅可以基于原告的所有权,也可以基于被侵夺或者被妨害的占有等基础。在这里,区分为两类规则:其一为第861条、第862条;其二为第1007条。 311

一、基于占有的两类请求权

(一)占有请求权(possessorischer Ansprüche)

基于第861条、第862条的请求权被称为占有型请求权:这些请求权根据的是占有(拉丁语是possesio),通常(例外:第861条第2款、第862条第2款)不考虑占有的品质,尤其不考虑占有的权利(第863条)。请求权基础仅仅在于:被防御的对占有之侵害是一种禁止之私力(verbotene Eigenmacht)(参见下文边码313)。首先要取消禁止之私力的效果。但另一方面,占有权利并非最终失效。所以,第861条、第862条在当事人之间确立一个**暂时的规**

则(vorläufige Regelung)。对于以后的关于占有权利的争议,只能以此确定当事人是谁,尤其是谁应当是比较适宜的被告人。

例如,A与B对自行车的所有权产生争议。该自行车首先在A处,B秘密地将其取到自己处。在所有权状况没有被澄清、A因此没有成功行使所有物返还请求权(第985条)的希望的时候,B通过上述行为就改善了他的权利地位。相反,第861条的效果是,首先不考虑所有权状况,B必须将自行车返还给A。现在A可以等待B行使所有物返还请求权并且证明自己的所有权。

(二)基于本权之请求权(petitorische Ansprüche)

312 与第861条相反,第1007条对当事人之间的占有进行**终局性**的分配,与在所有物返还请求权(petitorium)情况下一样。该分配的根据是令人怀疑的;参见下文边码321。

二、基于占有之请求权

(一)禁止之私力

313 在第861条、第862条中,禁止之私力被统一称为请求权基础。其意指妨害法律和平(Rechtsfrieden)的私人之力的行使。只有在例外情况下才被允许(第229条以下的自力救济,还有第562b条第1款的出租人质权);通常要通过法院实现请求权。被行使的私力是被禁止的,且可以通过暴力防御,第859条第1款。通过禁止之私力获得的占有是有瑕疵的,第858条第2款第1句。该瑕疵对作为继承人或者在占有取得时知道该瑕疵的占有继受人也是有效力的,第858条第2款第2句。

(二)基于禁止之私力的请求权

314 第859条规定了针对禁止之私力的自力救济权,该自力救济权是一种正当事由。除此之外还有两种在法庭上实现的请求权,但对间接占有人只有在第869条的范围内的请求权。

1. 根据第861条第1款,以前的占有人(对其实施了禁止之私力)可以向相对于他来讲有瑕疵的占有者要求重新获得占有。

除了禁止私力实施者以外,第 858 条第 2 款第 2 句所指的占有继受人(如占有人以及窝赃者)都是有瑕疵占有者。

2. 根据第 862 条第 1 款,占有者对私力妨害者享有排除妨害与不作为请求权。这里的妨害基本上等同于第 1004 条第 1 款下的妨害(参见上文边码 301,边码 302)。其不同之处在于:否定所有权的方式并不妨害占有。 315

(三)可能的对抗

1. 在上文边码 311 处描述的基于占有的请求权的特点是对被告的抗辩**有限制**(Einschränkungen der Verteidigung):被告只能根据第 863 条主张,私力之褫夺占有或者妨害占有是被允许的(如通过第 229 条)。相反,占有上的权利或者妨害上的权利通常是无关紧要的:该权利本身并不是对私力实现的允许。 316

例如,S 为了担保债务,而将汽车的所有权让与给债权人 G(第 930 条)。那么,在到期时,基于担保合同,G 通常享有返还汽车用于变价的请求权。如果 G 以私力拿走了该汽车,那么 S 可以基于第 861 条第 1 款请求返还;与不能利用担保性所有权作为抗辩工具一样,G 也不能利用基于担保合同的返还请求权作为抗辩工具。

2. 第 864 条第 2 款对上述规则有所改变:对于侵害人来讲,他对因其侵害而产生的状态的权利被**有法律效力地**(rechtskräftig festgestellt)确认了的时候,占有保护请求权就消灭了:权利关系的安全性使得那些与其相违背的请求权变得没有意义了。在例子中,在 G 对 S 获得了一个确定其占有权的、具有法律效力的执行名义时,S 就不能再要求返还了。 317

3. **其他的排除之原因**(weitere Ausschlussgründe)规定在第 864 条第 1 款(自从私力发生后经过了 1 年)以及第 861 条第 2 款、第 862 条第 2 款:谁对另一方当事人在最后一年里自己进行了禁止之私力,那么就不能对该方当事人基于占有而防御。比如在上文边码 316 处的例子中,在 S 首先从 G 处将 G 取走的汽车以私 318

力取回,那么 G 就没有基于第 861 条第 1 款的请求权(但可能基于担保合同或者基于第 985 条:对此,作为请求权的构成要件,G 不能仅仅证明禁止之私力就可以了,而是必须证明他对占有享有权利)。

三、基于本权的请求权

319 基于第 861 条的返还请求权被规定得很简单(适用也简单),但对于适用于动产的第 1007 条来讲却不是这样:在该规定的前两款中隐含着两个不同的请求权。对于这些请求权的构成要件却规定在第 3 款中。这种复杂的结构应该是为了规定举证负担问题;但还是有些失败。

(一)根据第 1 款的请求权

根据第 1007 条第 1 款,**返还请求权的债务人**(Herausgabeschuldner)是现在占有的、在占有取得时不是善意的占有人,如他知道其占有权利的瑕疵或者由于重大过失而不知道(参见第 932 条第 2 款)。**返还请求权的债权人**是先前的、善意取得其占有的而且没有再自愿放弃占有的占有人,第 3 款第 1 句。债务人可以根据第 1007 条第 3 款第 2 句、第 986 条、第 1000 条进行**抗辩**(verteidigen),即以占有之权利(如在第 985 条情况下,参见上文边码 293 以下)或者以基于可以赔偿的费用而享有的留置权(参见上文边码 298)抗辩。就此,在第 1 款情况下,债务人还必须能主张他是所有权人(该规则被规定在第 2 款第 1 句,是不适当的)。最后,债务人还有一般的抗辩手段,如第 273 条或者时效经过(第 197 条第 1 款第 1 目的适用在这里是有疑问的:第 1007 条的适格的占有指的是"其他物权"吗?)。

(二)根据第 2 款的请求权

320 根据第 1007 条第 2 款,即使现在的占有人是善意取得他的占有的,他也是返还请求权的**债务人**。作为平衡,**债权人**必须符合如下严格的条件:他必须不仅仅在先前的占有取得时是善意的(第 3

款第 1 句），而且物必须不是从他的手中非自愿脱离的（参见第 935 条第 1 款以及上文边码 259）。债务人的**抗辩手段**（Verteidigungsmittel）与按照第 1 款对请求权的抗辩手段是一样的（参见上文边码 319）。但他可以附加地主张，该物是从他自己或者前手手中非自愿脱离的（第 2 款第 1 句末尾）。在金钱或者无记名票据情况下，基于第 2 款的请求权完全不起作用，第 2 款第 2 句：第 935 条第 1 款也并不能适用于这些物。

（三）第 1007 条的意义与适用

1. 关于第 1004 条的意义，即使在今天也是像 100 年前在《德国民法典》编撰时那么富有争议。因为债权人在通常意义上是没有占有之权利的：他只必须在取得（占有）时是善意的，这样一来，并不需要权利真正地存在。还可以理解出来的是，根据第 1 款，在善意取得时的善意者的地位应当比恶意者的地位更强。相反，要解释清楚第 2 款，必须基于与第 1006 条第 1 款第 2 句、第 935 条的关联：非基于自愿而脱离物之人通常不会因为第三人的善意取得而丧失其所有权。因为与现在的占有人相比，他更可能是所有权人，所以，他得要求返还该物。但恰恰**与第 1006 条规定的所有权推定的关联**（Zusammenhang mit der Eigentümervermutung von § 1006）使得第 1007 条的适用是无关紧要的了。因为，根据第 1006 条主张者也会同时作为（被推定的）所有权人，从而基于第 985 条起诉。虽然第 1007 条适用于很多情况，但与第 985 条、第 861 条相比，很少需要适用第 1007 条。判例几乎根本不适用该条。 321

2. 所以，在分析案例时，在物上请求权项下，人们应当最后检验复杂而又容易令人一直困惑的第 1007 条。如果基于第 985 条的请求权被肯定了，在时间紧迫的情况下，也可以完全放弃第 1007 条的检验。

第四章　因侵权行为与危险而生的赔偿请求权

第二十三节　区别与竞合

322 源于侵权行为与危险的损害赔偿请求权，无论是在法律研习过程中，还是在法律实际生活中（如发生频仍的交通事故），均会经常碰到。因此，先行介绍一些基本理论，对其理解也就不无裨益。

一、依请求权基础之区分

（一）不法与危险

《民法典》第823条之前的标题为“法所不允许的行为”（unerlaubte Handlungen）。所谓“法所不允许”者，即意味着不法（Unrecht）。第823条以下所规定的请求权，就其大多数来说确实源于法所不允许之行为（unerlaubte Verhalten）。但其中也有一项请求权较为例外：发生“奢侈宠物”（Luxushaustier）致人损害与致物损害时，虽该宠物不属于《民法典》第833条第2句之情形，但依《民法典》第833条第1句之规定，宠物持有人（Halter）就该损害仍应负赔偿责任。动物之持有不能说是违法的，且就致损本身也不须持有人是否施加了其他影响

（如唆使其犬）。因此在此情形中，责任承担的原因，实际上并非来自“法所不允许的行为”，而是源于一个虽为法所允许但却构成一种危险的状态（Zustand）。

此类**危险责任（Gefährdungshaftungen）**所包含的情形越趋广泛。其中最为重要者，为机动车持有人责任（《道路交通法》第7条）、铁路与管线经营人责任（《责任法》第1~2条）以及以特定方式对环境施加影响者的责任（《水生态平衡法》第22条、《环境责任法》第1~2条）。危险责任的目的，在于使一项虽然危险但为法所不禁之行为的行为人，在享受其利益的同时，负担其相应的风险：允许行为人为该项行为，则对因此所致他人之损害即须赔偿；此项赔偿义务，犹如获得行为许可所需支付的代价。

（二）不法与过错（Verschulden）

只要是对危险负责任，则所谓过错问题就不会进入讨论视野： 323
一个以合法方式为行为的人，其行为不可能存在过错［同样在特别结合关系（Sonderverbindungen）中，对一个符合义务要求的行为来说，也不会出现须归责（Vertretenmuessen）的问题］。反之，违法性的行为，则可能存在过错或无过错问题。对此，《民法典》在侵权行为法（Deliktsrecht）以及在特别结合关系法（《民法典》第276条第1款第1项）中，均就损害赔偿责任之承担，通常要求具有过错，如《民法典》第823条第1款、第2款第2句，第826条。这就是所谓的**过错原则（Verschuldensprinzip）**。与**原因原则（Verursachungsprinzip）**相对立，过错原则的功能，在于保障普遍的行为自由：凡是谨慎注意地为行为者，自毋庸担心赔偿义务问题。但《民法典》就此也规定有例外，如第231条之规定：在误认为具备正当理由时，即使对该误认无任何过错，亦应对损害予以赔偿；（《民法典》第229条之）自助行为也会带来危险，因此对其应有所抑制。

比第231条更为重要的，是**《产品责任法》**所规定的责任。产品责任的依据，并非全然因为使产品进入市场交易之行为。更确切地说,该责任之成立,必须要求产品带有缺陷(fehlerhaft)(《产品责任法》第1条第1款),而且依其时的科学与技术水平已能认识该缺陷(《产品责任法》第1条第2款第5项)。也就是说,在产品责任中,所针对的是一项违法性但可能不具有过错的行为(有争议)。因此,产品责任在性质上,并非危险责任。

(三)过错的证明

324 就过错不法行为之责任,在通常情况下,受害人(Geschädigter)须**证明侵害人(Schädiger)**之过错:过错属于请求权之成立要件,而就该要件之存在举证负担(Beweislast),一般归由原告承担。如《民法典》第823条第1款与第826条所规定之请求权,均适用这一举证负担原则。而司法判例中经常运用的直观(**表面)证据规则[prima facie-(Anscheins)Beweis]**,并不发生举证负担倒置的结果,仅仅只是使举证负担减轻:就典型化的事件进程而言,除非有其他可能性的证据,否则均推定其典型化的原因成立。

例如,A驾驶他人车辆,撞上前面B的车辆,致使B受到伤害。B向A主张慰抚金请求权(《民法典》第823条第1款、第253条第3款)时,就必须证明A的过错。就此,B可援引一项经验规则,亦即只要尽到了必要的注意,即可避免追尾事故的发生。假如A能说明事故发生是由于非常事件(如刹车因不可归责于自己的原因而失灵),则举证负担又转归B:他必须排除刹车失灵与事故间的因果关系。但A若同时又是后车的持有人,则即使其无过错,也产生《道路交通法》第7条、第11条第2句所规定的慰抚金请求权。

325 但与此不同者,在一些重要情形中,过错之举证负担却完全**转由侵害人承担**,亦即侵害人必须证明自己无过错(以使自己免责)。其典型者如《民法典》第831条第1款第2项、《道路交通法》第18条,此外《民法典》第832条第1款第2句、第833条第2句、第834条、第836条至第838条亦是如此。除了这些立法性规定，联邦最高法院自《联邦最高法院民事判例集》第51卷第91页之“鸡瘟案”(Hühnerpestfall)(1968年11月26日之判决)以来，使产品制造人就其对产品存在缺陷之无过错负举证责任。对此详参下文边码353，以及梅迪库斯：《民法》，边码650以下。

在就过错与否无法查明时，举证负担之分配，在实际效果上就决定了诉讼结果，因而极为重要。尤需指出者，学生们常常会认为，“由于有免责可能性”使得《民法典》第831条是一项劣等的请求权基础，因而无须予以重视；这一认识是极端错误的。如果践行这一错误认识，那么立法者的意图，亦即通过过错推定使得受害人处于比《民法典》第823条有利之地位，就会完全被曲解。正确的理解应是，仅在免责事由确有具体根据时，才能够认可**免责之成立**。此外还应考虑，此时不仅要考察雇主(Geschäftsherr)是否已谨慎选任其辅助人(Gehilfer)，而且还要考察雇主是否已谨慎监督其辅助人的活动。反过来，雇主也可以选择性地证明，在选任瑕疵或者监督瑕疵与致损之间，欠缺(同样是推定性的)因果关系(参见下文边码338)。

二、责任范围上的区别

上述责任原因上的区别，对责任范围有着极大的影响。基于侵权行为而产生的损害赔偿的范围，有时与一般的损害赔偿法完全不同。 326

(一)通常情形下的范围

若无特别规定，则对法定性的损害赔偿请求权，同样应首先适用《民法典》第249条至第254条之规定(参见上文边码170以下)：侵害人须以**回复原状(Naturalherstellung)**之形式，负**全部赔偿(Totalersatz)**义务。而就侵权行为上的请求权来说，《民法典》第842条、第843条对上述规定，仅具有补充性功能，并无实质性的改变。

（二）第三人的请求权

327 1. 反之，**《民法典》第 844 条至第 846 条之规定**，就侵权行为上的损害赔偿请求权，设置了一些实质性改变。这几条规定背后所体现的实质问题在于：源于特别结合关系的损害赔偿请求权，其请求权人仅为债权人；但在例外情形下，基于合同也可产生对特定第三人的一项保护作用（参见上文边码 190 以下）。与此相类似，在侵权行为法中，通常情形下，谁的法益（Güter）受到侵权法请求权规范的保护，那么在该法益受到侵害时，也仅是这些人才是享有损害赔偿请求权者。尤其在《民法典》第 823 条第 1 款之规定中，一般来说，能够请求损害赔偿者，仅是那些被致死（此时当然是其继承人！）、身体受伤害或其所有权受侵害的人。与此相反，在《民法典》第 844 条、第 845 条之规定中，享有赔偿权利人的范围，扩及遭受**纯财产损害（blosse Vermögensverletzung）**之人，亦即因支出丧葬费用（《民法典》第 844 条第 1 款）或者因丧失法定扶养请求权（《民法典》第 844 条第 2 款）或因丧失劳务给付请求权（《民法典》第 845 条）而遭受单纯财产损害之人。在致人死亡情形中，这些单纯财产损害甚至是主要的损害事项：由于继承人依《民法典》第 1968 条承担了丧葬费用，因此，作为继承人在大多情形下仅享有《民法典》第 844 条第 1 款所规定之请求权。

类似的规定，在例外情形下亦见于雇佣合同法（《民法典》第 618 条第 3 款）以及大多责任法性的特别法中如《道路交通法》第 10 条、第 11 条。而《道路交通法》第 10 条第 1 款第 1 项中另外提及的“所导致之治疗费用”，并非是对一般损害赔偿法的修正，因为该项费用亦为《民法典》第 249 条第 2 款所包括。

328 2. 各特别法与《民法典》第 844 条、第 845 条之区别在于，在各特别法中欠缺与《民法典》第 845 条相应的规定。然而，**《民法典》第 845 条之规定的意义**，却因男女平权原则而在实践中大为降低：《民法典》在该条中使用“在家中或营业（Gewerbe）中劳务之给付”，最初主要是考虑到家庭妇女这一群体：一旦其不能提供劳务，则就认为其丈夫即受到损害，从而可要求赔偿。但如今能够符合《民法典》第 845 条的劳务，仅剩下子女依《民法典》第 1619 条对父母所应给付的劳务。反之，配偶一方所为的家务处理，依《民法典》第 1360 条第 2 句之规定，属于扶养家庭之贡献。因此，在该方配偶死亡时，对受其照管的家属来说，成立《民法典》第 844 条第 2 款所规定的抚养损害。而在单纯的伤害情形，则可认为受伤害的配偶自己遭受取得上的损害，从而适用《民法典》第 843 条的规定。而在同性生活伴侣关系情形，就《同性生活伴侣法》第 5 条所规定之法定扶养义务，须准用上述规定。就此详参梅迪库斯：《民法》，边码 836。

（三）最高赔偿额

《民法典》就所有种类的损害赔偿请求权，并未设置最高额的限制。但大多数的特别法对此设有例外，亦即规定有数额上的界限（如《道路交通法》第 12 条以下）。然而，这些实定法上的限制性规定绝无必要，这一点在奢侈宠物持有人无限制的赔偿责任中（《民法典》第 833 条第 1 句）体现得最为明显。但无论如何，最高额之规定（《民法典》第 844 条以下，参见上文边码 328）是检验如下请求权之必要性的另一项理由，即检验与合同请求权相竞合的《民法典》第 823 条以下之请求权。 329

三、与其他请求权基础的关联

（一）损害赔偿请求权的聚合

侵权行为法上的损害赔偿请求权，可与基于其他规范基础的损害赔偿请求权发生关联。尤其是因有过错之不法行为所产生的请求权，会与源于合同或危险责任的请求权发生并存现象。 330

例如，因受雇的出租车司机的不谨慎，致使乘客受伤。由此，乘客对出租车企业业主因其瑕疵给付（《民法典》第 280 条并第 278 条）享有损害赔偿请求权。同时，业主因《道路交通法》第 7 条作为机动车持有人亦负有责任,而且依《民法典》第 831 条第 1 款还为其执行辅助人负责任。而司机自己依《民法典》第 823 条第 1 款与《道路交通法》第 18 条之规定负有责任,而且还可能依第 823 条第 2 款并结合《道路交通条例》中可作为保护性法律之规定负其责任。

依照主流观点并且也是值得赞同的观点,所有这些请求权相互并存,亦即此时存在**请求权之竞合(Anspruchskonkurrenz)**。但由于所有这些请求权均以请求同一损害之赔偿为内容,故而受害人可一次性请求全部之赔偿。因此债务人之给付,也就清偿了所有针对他的赔偿请求权。多数债务人(如上例中的业主与司机)依《民法典》第 840 条第 1 款之规定,构成受害人的连带债务人(Gesamtschuldner);因而,其中一个债务人的给付,依《民法典》第 421 条、第 422 条之规定,对其他债务人来说具有连带效力(Gesamtwirkung)(当然在其内部有求偿关系,《民法典》第 840 条第 2 款以下、第 426 条)。参见下文边码 362。

(二)彼此间的相互影响

331 通常来讲,发生竞合的请求权之间彼此互不影响,各请求权的成立要件、范围以及限制,各依调整该请求权的规范而定。但也存在例外。尤其是基于特别结合关系而产生的**减轻责任**的规定(如《民法典》第 680 条、第 690 条),也适用于彼此竞合的侵权行为法请求权。反之,合同上的短期时效(如《民法典》第 437 条第 3 款、第 438 条),仅于例外情形下方可适用于竞合的侵权行为法请求权(如《民法典》第 548 条第 1 款之情形)。但恰恰就此问题,存在诸多疑问(参见梅迪库斯:《民法》,边码 639 以下)。

第二十四节 侵权行为法上请求权的一般要件

一、源于有过错之不法行为的责任

在责任要件构成上最为严格之责任,为基于有过错之不法行为所产生的责任,故下述先就此责任予以详述。属于此类责任的法律规范(如《民法典》第823条第1款),在规范构成上,与刑法规范极为近似,故而在考察其构成要件时亦应采取类似方法。 332

(一)客观的构成要件

首当其冲的是客观构成要件。就其表现而言,如**《民法典》第823条第1款**上的客观要件,包含了侵害生命(亦即致人死亡)、身体、健康(亦即致疾)、自由(亦即拘禁)、所有权以及其他权利(参见下文边码346以下)。**在《民法典》第823条第2款中**,其客观构成要件,是对保护性法律的违反;也就是说,该保护法的要件均须满足(只是不需要刑事起诉要求),尤其是也需要满足保护性法律的主观构成要件,如在《德国刑法典》第303条对物之损害中须存在刑法上的故意(这是常见的解题错误!)。**在《民法典》第826条中**,其客观构成要件体现为违反善良风俗的财产损害。

(二)违法性

人之行为的违法性,是任何不法责任的前提条件(此点与危险责任有别,参见上文边码322)。在检查违法性要件时,在思路上最好区分两种不同的侵害情形(当然对此争议很大)。 333

1. 在相对简单的情形中,人之行为(其违法性须待检查)连同侵害结果之出现构成一个整体,可称之为**直接的侵害(行为)**。基于这一整体性或直接性,可由结果之产生原因推导出违法性;人们认为,可非难的结果与(行为)违法性紧密相连,有此结果即**推知(indizieren)**有其违法性。比如,卡车司机撞上行人或他人庭院围篱,其行为违法性也就不在话下。在此情形须检查的是,是否有**正当性理由(Rechtfertigungsgründe)**而破坏此推知逻辑(Indikation)。如司机是为了避让一个小孩而撞上庭院围篱,则《民法典》第 904 条第 1 句之规定,就可构成正当性理由。

(1)此正当性理由与刑法(上的正当性理由)并无二致;因为在一法律秩序中,对某一行为之许可或禁止之判断,应遵循统一的标准。在《民法典》(部分地亦见于《刑法典》)中,所规定的情形如正当防卫(《民法典》第 227 条)、正当的紧急避险(《民法典》第 228 条、第 904 条)以及适法的自助行为(《民法典》第 229 ~ 230 条)。此外,适法的无因管理(参见本书上述边码 233)与同意,亦认为属于正当性理由情形。

334 (2)**同意**在民法中的重要意义,主要体现于**医师责任**中:在通说观点看来,以医疗为目的而对患者身体或健康实施的侵犯,同样符合《民法典》第 823 条第 1 款的客观构成要件,因此需要有患者的同意以使其具有正当性。且自《联邦最高法院民事判例集》第 29 卷第 33 页之判决以来,该项同意(行为)在民法上也不看做(一项)法律行为,从而同意的做出也就不需要具备行为能力;但在另一方面,同意人须能认识到“手术以及同意实施手术的意义与涉及范围”(《联邦最高法院民事判例集》第 29 卷,第 33 页、第 36 页)。在通常情况下,(于同意之前)先有医师的阐释:该项阐释,并不仅仅是医师基于医疗合同所应承担的义务,而且医师为使其侵犯具有正当性也需要进行此项阐释。

关于这一阐释义务的范围与具体内容,尚有许多争议。其中最为典型的,乃是下述情形:某一医疗手术不仅未取得所预期的疗效,反而导致恶化。此时患者认为存在治疗不当,因而请求(包括精神慰抚金在内的)损害赔偿。但(患者)又提不出医师存在医疗差错或至少存在过错的证据。于是(通过下述思路),犹如在时间上提前对医师进行责难:如果所选择的治疗方案的预期效果不是太好,或者会有出现有害副作用的危险,那么医师对此就应事先予以说明。而医师并未进行此项说明(说明与否的事实由医师举证证明),则该手术也就欠缺一个有效的同意。因此,该手术行为具有违法性,更具有过错,相应地,医师也就要对所有的损害后果负其责任。

对此不无疑虑的是,(医师)就那些极不确定的风险的说明,往往容易使患者陷入迷惑与无所适从[只需看看药品(盒)中附带的各种(说明)书单就够了!]。即使是在未进行合理限度内说明的场合,是否能推测患者若(事先)得到说明就不会冒此风险,也是值得怀疑的,因此说明上的瑕疵(往往)并非损害发生的最终原因。对此项问题,已经出现过大量的且(在结论上)又常不一致的判例。

2. 违法性问题第二类情形的特征,在于人之行为与由此行为 335
所生的侵害后果之间,存在一定的间隔(einen gewissen Abstand),亦即所谓仅仅是**间接的侵害(情形)**。此类情形在已技术化与分工化的经济活动中,随处可见。如在懈怠履行对地面撒防滑沙、照明或者组织义务(Streu-, Beleuchtungs-und Organisationspflichten)时,均存在不作为的问题。同样,产品责任或者依《民法典》第831条为**执行辅助人**(Verrichtungsgehilfen)所负的责任,也属于此种情形;(换言之)产生不法责任的人之行为,与侵害结果之间,在时间与空间上常有着很大的间隔;(也就是说)行为于其初始仅有导致侵害结果发生的危险,只是在受害人方面(的因素)协力作用后,该侵害后果才实际发生。

在所有这些情形中,违法性是否存在,不能仅以(人之)行为与侵害结果之间的因果联系来推知(Indikation),而必须切实具体地予以证明。证明的手段可借助于**交往(安全)义务[Verkehrs(sicherungs)pflichten]**,亦即只有在该违反义务时,才能证实作为或不作为的违法性判断。假如行为人并未违反此项义务,如所生产的产品符合现有的科技水平,则即使造成了(在因果关系上)较远的损害,该行为仍不具有违法性,进而也就可能不满足(侵权行为的)构成要件。比如对不负撒防滑沙义务的人来说,就很难说是其“侵害”了因地滑而摔倒的人。总而言之,在这些情形中,至少是不要求具备(某一)特别的正当性理由。

交往(安全)义务的由来,最初源于交往的开启(Eröffnung eines Verkehrs)。在今天,只要制造或扩大了(通常是对众多人的)危险,即可确认该义务的成立。既然有危险存在,那么为排除以及补救该危险,(行为人)就必须采取必要而且可能的措施。对此详参梅迪库斯:《民法》,边码 641 以下。

(三)过错

336 第三项要件为过错(Verschulden)。如同在特别结合关系中的须归责性(Vertretenmüssen)(即《民法典》第 276 条第 1 款,并参上文边码 158 以下)。此处的过错也包括两方面内容:其一为依《民法典》第 827 ~ 828 条予以判断的过错能力[在侵权法中亦称为**侵权责任能力(Deliktsfähigkeit)**];其二须有**具体的过错**的存在。在后者,是轻过失(leichte Fahrlässigkeit)即为已足(如《民法典》第 823 条第 1 款、第 823 条第 2 款第 2 句、第 824 条第 1 款之情形),还是须满足更严格的要求,则视具体的请求权规范而定。如《民法典》第 824 条第 2 款、第 826 条要求具有故意;而在第 823 条第 2 款第 1 句中,适格过错之必要性,常取决于所要适用的保护性法律(尤其在许多刑法规范中均以故意为必要,而且也仅只有刑法才适用主观性的过失规则)。

(四)损害

337 此外,任何一项损害赔偿请求权的成立,还要求有可予以赔偿(ersatzfähig)的损害。此可予以赔偿性,尤其要求该损害属于**请求权规范的保护范围**。而对该保护范围的限制,主要产生于《民法典》第 823 条第 2 款中所要适用之保护性法律的限制性的保护目的,或者产生于《民法典》第 839 条中所违反之公职义务的限制性保护目的。对此项问题以及对排除可能性极小之损害的**适当性要求(Adäquanzerfordernis)**问题,可参上文边码 175。

(五)责任成立上的因果关系

1. 最后,上述所阐述的各要件,须通过一个**归责关联(Zurechnungszusammenhang)**而彼此联结在一起。此项关联即为责任构成上的因果关系。《民法典》第 831 条第 1 款第 2 句之末之规定,即属于此类因果关系之一例:在执行辅助人之使用上,虽然有可能未尽注意(或者雇用人不能证明已尽此项注意);但是,此一注意上的欠缺,并不必然是执行辅助人所致不法损害的根本原因,因为即使是精心挑选(且在特定情形下也是受其监督,对此参见上文边码 325)的辅助人也会如此行为。这尤其体现于辅助人之行为虽然违法但并无过错的情形(参见梅迪库斯:《民法》,边码 782)。《民法典》第 831 条第 1 款第 2 句之规定在例外情形下,也对这一责任构成上的因果关系进行推定;但在通常情况下,受害人对此须举证证明。 338

2. 与责任构成上因果关系相关联的一组特别情形,是所谓**招致型案例(Herausforderungsfälle)**:一个因违章而被发现的汽车司机,因为没有驾驶执照而高速驾车逃逸,警车在对其进行追捕途中发生交通事故。该案中须判明的是,在何种条件下,追捕人所受的损害可归责于被追捕人。对此须以对追捕的"招致"为准,也就是最终以招致行为是否合乎理性为准。在此种情形中,损害之发生最终溯源于受害人自己(内心的)决定,因此可称之为**心理媒介性的因果关系(psychisch vermittelte Kausalität)**(更正确的说法是:归责)。当然,在这方面的某些判决结果,也是疑虑丛生。对此参见梅迪库斯:《民法》,边码 653 以下;以及《联邦最高法院民事判例集》第 57 卷第 25 页、第 63 卷第 189 页之判决。 339

3. 至于责任构成上的因果关系是否亦须将**损害产生**包括在 340

内，则仅能依请求权规范的特性而定。如《民法典》第 823 条第 1 款之情形就不包括此项因果关系要素，因为该款责任之构成，只须对特定受保护法益的侵害行为即可，仅在法律后果（损害赔偿请求权）中（该款）才提及损害。反之在《民法典》第 826 条中，损害（要求）则是其构成要件。此外，损害（发生）过程的具体要件，则须由所谓的**充分责任（haftungsausfüllende）因果关系**，也就是决定何种损害具有可赔偿性的因果关系来规制。

二、无需过错之责任中的特殊性

341 对于不以过错为成立要件之责任（参见上述边码 323），上部分所阐述的过错责任全部构成要件中，若干要件并不必要。如在**《民法典》第 829 条**中，是否有过错能力（Verschuldensfähigkeit）即为不必要。但在无过错责任构成中，无论如何仍须具备一项**“自然的”（natürliches）**过错。比如，一个 5 岁的孩子虽在行为外部已尽注意但仍导致违法性侵害的产生，则即使满足其他所有的构成要件仍然不负担《民法典》第 829 条上的责任。而对**《产品责任法》**上的赔偿义务来说，也仅须存在导致损害产生的且依产品进入市场时之科技水平可认知的产品缺陷即可，产品制造人的具体过错却并非必要。

尤其是在危险责任（参见本书边码 322）中，（责任之成立）既不需要有违法性，也不要求具备过错。也就是说，此时须检查的要件仅为责任要件（Haftungstatbestand）、可予赔偿的损害以及责任成立上的因果关系（haftungsbegründende Kausalität）。危险责任的这一特点，尤其体现于侵害之产生常须伴随在“运营中”（beim Betrieb）（如机动车之运营，《道路交通法》第 7 条第 1 款）；对此参见梅迪库斯：《民法》，边码 663。此外也须考察一些例外情形，如“不可抗力”（höhere Gewalt）（《道路交通法》第 7 条第 2 款），或者事项上的或主体上的保护范围的限制（《道路交通法》第 8 条，如对慢速的机车或对司机，有该条第 1 项与第 2 项规定之适用）。

三、思路提示(Aufbauhinweise)

上述各责任构成要件,大多在彼此之间构成一种**逻辑上的位序关系(logisches Rangverhältnis)**。尤其是在客观要件充分之前,不能肯认违法性的存在;而在肯认违法性要件之前,也不能首先认定过错的存在。这一逻辑位序关系,在思考侵权责任之构成时应予注意。反过来,若是否定某一构成要件,则不必考虑这一逻辑要求。例如,在确实欠缺过错要件或者可予赔偿之损害时,则即便不检查客观要件与违法性要件,在逻辑上仍可无障碍地否定《民法典》第823条第1款之请求权的成立。当然,这一省略逻辑步骤的思考方法,在实例练习中仍不失为值得推荐的做法,以避免因为(考试)时间不够用而在重要问题点上失分。 342

第二十五节　侵权行为法上的具体问题

一、所有权之侵害

《民法典》第823条第1款之适用,尤其常见的情形是因对所有权的侵害。然而,其责任要件在构成上,要远比乍看之下困难得多。 343

(一)《民法典》第989条以下规定在适用上的优先性

就所有权之侵害而言,仅在《民法典》第989条以下之特别规则不排除其适用时,《民法典》第823条第1款才有适用之余地。此点可见于《民法典》第993条第1款末尾之文意。《民法典》第989条以下规定所承认的损害赔偿义务,通常仅针对被起诉的(《民法典》第989条)与非善意的占有人(《民法典》第990条)。换言之,**所有权之侵害是由非法占有人所为**时,首先应检查《民法典》第989条以下之规定(这一点常为人所忽视!)。仅于下列情形时,才会检视是否适用《民法典》第823条第1款之规定:

1. 占有是通过**禁止之私力**(verbotene Eigenmacht,《民法典》

第858条)或者(针对该所有权的)**犯罪行为**而取得,亦即《民法典》第992条之规定。

2. 占有人**须对其上级占有人(Oberbesitzer)负责**时,亦即《民法典》第991条第2款之规定。举例言之,承租人M对所有权人E所负的责任,如同其对出租人V所负的责任,因为M在实施为租赁合同所不许之行为时,M应当要考虑到会承担(合同)责任。《民法典》第991条第2款规定的功能,在于使E与V一起或者取代V,取得损害赔偿请求权之债权人的地位。

3. 上述思想扩及适用于**所有的他主占有人越权的情形**(alle Fremdbesitzer im Exzess),也就是说,占有人超越了其所假想的占有权限。如在上例中,即使在V与M间的租赁合同不生效力从而不能(依此)而成立M对V的责任时,M对E的责任仍不妨成立。

(二)侵害所有权的种类

344 1. 下列方式**无疑**均构成对他人所有权的侵害:

(1)对**权利本身**的侵犯,如侵夺行为或者(在他人所有权上)设定质权负担;

(2)对**物之本体(Sachsubstanz)**的侵犯,如毁坏或损坏物的行为;

(3)侵夺**占有**。

345 2. 反之,仅仅是妨碍其**利用可能性**的行为,是否构成对所有权的侵害,则**不无疑问**(对此参见梅迪库斯:《民法》,边码613)。例如,一辆汽车因"(他人)停车(而)堵在"(通道)出口;一台电动机械因供电(突然)中断而无法使用;一块土地因通道堵塞而无法进出。在所有这些情形中,所有权与物之本体均未受到影响,而且占有一般也未被剥夺。对此司法判例的态度并不完全一致,有时甚至否定所有权侵害的成立。

在侵扰行为并非针对物而仅是针对利用权利人本身时,否定所有权侵害之成立,自属正确。例如在所有权人受到侵害时,由于(受伤)须住院,将会导致其对其汽车及住房暂时无法利用,但这绝不意味着是对汽车所有权或者住房所有权的侵害。此外,若仅是使利用受到限制,而不是(哪怕暂时性地)完全剥夺其利用,则也不能认为所有权受到侵害;但在这一点上,(理论上)尚欠清晰且以一贯之的说明。对此之专著文献,可参伯肯(*Boecken*):《对纯粹妨碍利用之侵权行为法上的所有权保护》,1995 年版;罗森巴赫(*Rosenbach*):《侵害所有权与环境之改变》,1997 年版。

二、《民法典》第 823 条第 1 款中的"其他权利"

《民法典》第 823 条第 1 款在"生命性法益"(Lebensgüter)之生命、身体、健康与自由以及在所有权之外,还提及"其他权利"。这一"小型一般条款"(kleine Generalklausel)的适用范围到底有多大,不无疑问。 346

(一)类似所有权(eigentumsähnlich)之权利

1. 在《民法典》第 823 条第 1 款中,唯一所指明的真正权利为所有权,而"其他权利"又紧接于所有权之后。(从此角度出发)并非任何一个主观权利均可归入"其他权利"之中(参见本书边码 39),该"其他权利"实际上需具有**类似于所有权的特性**。依《民法典》第 903 条之规定,所有权的特征主要体现为,它将对物的特定权能归属于(zuweisen)权利人,且(在效力上)对抗任何其他人。如此一来就排除了仅具有相对性效力的债法性权利(Schuldrechte)(债权,Forderungen),也就是说,债权之侵害不适用《民法典》第 823 条第 1 款之规定(但就侵害债权归属地位之行为,仍有争议)。反之,担保物权等**限制物权**,毫无疑问应列入"其他权利"之中。对这些限制物权的侵害,可体现为对这些物权客体的损坏,如在土地上设定有抵押权负担时拆毁土地上建筑物的行为(即为构成对该抵押权之侵害)。此外,**物权性的期待权**也包括于《民法典》第 823 条第 1 款的规定中。但是**占有**却不能直接适用该规定,因为占有仅赋予了占有人防御性权利(Abwehrrechte,《民法典》第859条以下),而不赋予其任何权能;仅在占有人享有占有之权利或基于其他原因的使用权能时,才有适用《民法典》第823条第1款规定的可能。就此尚有诸多疑点,可参梅迪库斯:《民法》,边码607以下。

347 2. **亲属权利(Familienrechte)**也具有对抗任何人的效力,如《民法典》第1626条规定的父母对子女的照顾权。侵害此项权利时,如诱拐他人小孩,则依《民法典》第823条第1款之规定,须对该父母负损害赔偿义务(如赔偿因寻找小孩而支出的费用)。配偶所享有的要求受婚姻约束的权利,也具有对抗任何第三人的效力,亦即《民法典》第1353条第1款第2句之规定;但就该权利之侵害(如通奸行为),司法判例否认《民法典》第823条第1款上的损害赔偿请求权。也就是说,就侵害该权利的法律效果特别法之规定具有排他性,(一般)侵权行为法对此无适用之余地;对这一观点须提出质疑的是,婚姻是否真地赋予(配偶以)"权能";就此可参梅迪库斯:《民法》,边码616以下。

(二)框架权利(Rahmenrechte)

348 此外,《民法典》第823条第1款还可适用于两种权利地位(Rechtspositionen)。对这两种权利地位,很难称之为类于所有权之权利,因为它们所指向的仅为一个框架;在此框架内(侵权责任的客观)构成要件与违法性要件,仅在与其他(权利)地位相权衡后才能确定。因此,这类权利地位被称为"框架权利"。

349 1. 其第一种即为**对已设立并已经营之营业的权利**(Recht am eingerichteten und ausgeübten Gewerbebetrieb)。该项权利之存在,并不取决于营业主是否为营业生产设施的所有权人或者合法占有人;因为"营业"的存在基础,尤其也要将对供货商与客户的营业关系包括在其中。因此,以封锁方式来破坏这一营业关系时,侵害人也要承担《民法典》第823条第1款上的损害赔偿义务。

但这一权利(的构造)也存在如下难题,如也可通过有成效的竞争(行为)将某个企业的顾客吸引走。在以自由竞争为指针的经济秩序(此为《反对限制竞争法》的调整任务)中,这一行为并不全然违法,也不必然导致损害赔偿义务的承担。法律上所要禁止的,更主要是针对不正当竞争行为。但对不正当竞争行为,《反不正当竞争法》以及其他的一些特别法,已提供一定程度的防御机制。在这些特别法未规定损害赔偿请求权时,仍不妨通过《民法典》第 823 条第 2 款来构建,也就是说,可以将这些禁止性规范理解为保护性法律。

因此,对已设立并已经营之营业的权利,在适用《民法典》第 823 条第 1 款之规定时,要受到极大的限制。正是基于这一原因,对破坏竞争的行为,司法判例根本不考虑适用该款规定,亦即此时特别法规则在适用上具有排他性。在其他领域,也要求侵害行为具有"直接性"或者"经营相关性",如在因(疏忽而)中断供电导致营业暂停经营的案例中就欠缺这样的要件(可参《联邦最高法院民事判例集》第 29 卷第 65 页、第 66 卷第 388 页)。总而言之,因侵害营业而承担的责任,在本质上应仅是一项辅助性的救济。当然,对该项权利的认识,仍有诸多疑点有待澄清(参见梅迪库斯:《民法》,边码 611 以下)。

2. 其第二种为所谓的**一般人格权(allgemeines Persönlichkeitsrecht)**。(德国)私法虽然承认并保护多项特别的人格权利,如 350
姓名权(《民法典》第 12 条)、著作权(Urheberrecht)或肖像权(Recht am eigenen Bild);但是一项旨在保护个人名誉与隐私(persönliche Ehre und Intimsphäre)的一般人格权,立法上最初并未规定。直到 1954 年《联邦最高法院民事裁判集》,第 13 卷,第 334 页,"读者来信(Leserbrief)案"判决,该权利才获得承认。联邦最高法院认为,《德国基本法》第 1 条与第 2 条对人的尊严与人格自由发展权的保护,要求承认一项一般人格权。此外,自《联邦最高法院民事判例集》第 26 卷第 349 页之"男骑士案"(Herrenreiter)以来,在人格权遭受严重侵害时,得反于《民法典》第 253 条第 1 款之规定,对于非财产损害也给予金钱赔偿,以作为"慰抚"(Genugtuung)。

但一般人格权常与他人的权利(*fremde Rechte*)产生冲突,因而使得一般人格权带有不确定性。这类冲突可体现为与他人人格权的冲突。比如某人以高声音乐来宣扬其个性时,就可能妨碍邻人的人格舒展;因为该邻人是位研究者,以周遭环境的安宁为必要。这类冲突还可体现为人格权与其他种类的权利地位的冲突,如隐私之保有与出版自由或艺术(表现)自由相抵触。因此,在这些情形中,就需要"在特别范围内进行利益权衡"(in besonderem Maβe einer Güterabwägung)(《联邦最高法院民事判例集》第 13 卷第 334 页、第 338 页即已指明这一点)。参见梅迪库斯:《民法》,边码 615。

(三)财产(Vermögen)

351 作为整体的财产,显非《民法典》第 823 条第 1 款所规定的"其他权利"。对财产整体的保护,仅只能通过其他的法律规范(主要通过《民法典》第 826 条以及在债务关系范围内通过《民法典》第 280 条)。单纯对财产的侵害,尤其体现于某人因受欺诈而抛弃物上所有权的情形;但这种经由(尽管是可撤销的)意思(表示)而导致的侵害,并非是对所有权的侵害(对此常发生错误认识)。

在此又应注意**"财产损害"(Vermögensschaden)这一词语所具有的双重含义**:一方面该词为《民法典》第 253 条所规定的在例外情形下可予以赔偿的非财产损害的反义词;另一方面该词又指不能适用《民法典》第 823 条第 1 款的各财产侵害(参见本书边码 172)。

三、产品责任

(一)《产品责任法》与一般侵权行为法

自1990年1月1日以来,对于长期争论不休的因产品缺陷(fehlerhaft)而引起责任,开始实施在欧洲共同体指示基础上制定的《产品责任法》。该法创设了一种不以过错为要件的责任(参见本书边码323)。但在此前,联邦最高法院对产品制造人**过错责任**的构成,实际上已极为严格。目前在《产品责任法》所规定之责任外,源于《民法典》第823条第1款的这一过错责任方式,仍然是不可或缺的。因为,至少在下述三点上,《民法典》第823条第1款的规定为《产品责任法》所不及: 352

1. 在物之损害方面**不必受最低数额的限制**;反之在《产品责任法》中,依该法第11条须至少达到500欧元。

2. 与《产品责任法》第1条第1款第2句不同,《民法典》第823条第1款还包括缺陷产品本身的某些**蔓延性损害(weiterfressende Schäden)**(参见本书边码354)以及**营业性使用人(gewerblicher Verwender)**的物之损害。

3.《民法典》第823条第1款中的责任无**最高额**限制(而《产品责任法》第10条有此限制)。

(二)产品制造人侵权行为法上责任的发展

上述《民法典》第823条第1款中的责任,仅针对(产品)制造人,而不(如同《产品责任法》第4条第3款就某些情形)针对(产品)进口商。因此在称谓上,与其说是产品责任,不如说是产品制造人之责任。该责任制度的发展,经历如下几个阶段(参见梅迪库斯:《民法》,边码650以下): 353

1. 在1968年11月26日《联邦最高法院民事判例集》第51卷第91页之判决中,就因**鸡瘟疫苗**缺陷而受损害的养鸡持有人的赔偿请求权,(联邦最高法院)采取了**举证负担倒置**的方法;也就是说,(疫苗)制造商须就缺陷的存在,证明自己没有过错。当然,受害人首先须证明,损害是“由于在制造商之组织范围与危险范围内存在客观的瑕疵或违反交易规则的状态”所导致。如此一来,(在过错方面)几乎就意味着,制造商须陈述案件事实,并要承担不能举证时的后果(本书边码105)。因此,联邦最高法院的这一基础性判决,所有的法科学生都要仔细阅读!

354 2.《联邦最高法院民事判例集》第67卷第359页之判决,为第二阶段的标志。在该案中,一台机器中有缺陷的次品**浮标电闸**未能及时中断电流,由此引起的失火将所有其余的非常昂贵的机器烧坏。联邦最高法院依据侵权行为法规则,对于那些有缺陷部件之外的产品的其他**蔓延性损害**,也判决予以赔偿。(后来)《联邦最高法院民事判例集》第117卷第183页之判决,将赔偿范围扩及在拆卸有缺陷部件(在本案中为“**电容器**”)时才出现的损害。

355 3.《联邦最高法院民事判例集》第80卷第186页以及第199页两个判决中的问题,均是**防治苹果疮痂病(Apfelschorf)**的喷剂因有抗体产生而失效。联邦最高法院认为此时(喷剂)制造商负有**产品观察义务与警示义务(Produktbeobachtungs-und Warnpflicht)**;也就是说,一旦知悉(产品已)失效,制造商就必须对喷剂使用者提出警示。在《联邦最高法院民事判例集》第99卷第167页之判决中,该义务甚至扩及于操向轮套(Lenkradverkleidung)之上,尽管该产品并非被告摩托车制造商**本田公司(Honda)**所生产。在《联邦最高法院民事裁判集》第116卷第60页之判决中,(联邦最高法院)更强调,制造商的警示[在该案中针对使用米卢帕婴儿茶(Milupa-Kindertee)橡皮奶头所引起的骨疽病危险]必须清晰明了。

356 4.在《联邦最高法院民事裁判集》,第104卷,第323页,案例中,一个**可回收汽水瓶(Mehrweg-Limonadenflasche)**发生爆裂,致使一个小孩受伤。(法院认为)被告装瓶商此时负有义务,**以担保装瓶后对该瓶检查结果(的真实性)**。当然,该案的判决结果,更多是出于同情，而不是出自教义学上有说服力的论证。

5.《联邦最高法院民事裁判集》，第116卷，第104页，判决，讨论的是因感染沙门氏菌的**婚宴**所引起的损害问题。该案判决明确表示，侵权行为法上产品制造人责任的特别规则，也应适用于**小型营业**以及相对简单的产品生产程序，因为在这类情形中，受害人同样欠缺为证明（对方）过错所必需的知识。 357

总体说来，以上所阐述的发展过程，可视为**法官法的构造（Bildung von Richterrecht）**的典范。换言之，相较于耗时费力且带有国际性特点的特别法形式（亦即此处的《产品责任法》），这种法官造法方式的意义甚至更为重要。

四、多数侵害人情形

在一个侵害行为中，常常会有数人参与的情形发生。比如数个承租人损坏（所承租的）住房，或如雇主与其执行辅助人共同致损（《民法典》第831条），或如肇事汽车的持有人（《道路交通法》第7条）与司机（《道路交通法》第18条）共同实施侵害行为。在此情形中，对受害人来说有两项疑问： 358

第一，是否每一参与人均应按其致损原因负责任？

第二，责任的范围又应是多大？

而在涉及承担责任的各侵害人的内部关系时，又需进一步追问：

第三，就损害各侵害人应如何分担？

（一）所应承担的责任

1. 首先应考察的是，对每一参与人来说，是否均**满足**使其承担损害赔偿义务之法律规范的**所有构成要件**。这在特别结合关系中也就意味着，在依《民法典》第278条就履行辅助人之过错归责于债务人时，由债务人对债权人承担义务违反上的责任（参见本书边码160）。反过来，由于履行辅助人自己并非所违反义务的债务人，对债权人也就不直接承担《民法典》第280条的责任。倘若履 359

行辅助人同时还实施了一个侵权行为，则《民法典》第 823 条以下所规定的责任对其就有适用余地（可参本书边码 330 之受雇出租车司机案例）。

360 2. 在侵权行为人为数人之情形，其责任成立上的构成要件，也包括**因果关系**的要求（参见本书边码 338）。也就是说，必须能确定，任何一个参与人的行为均是不可或缺的，否则侵害行为与损害结果均不会发生。当然要达到这样的确定结论，常常极为困难。比如在数人斗殴情形下，被告人常会主张，即使没有被告人的参与，原告的损害同样也会发生。而在交通事故中其因果关系的认定也会面临类似的疑虑，比如摩托车司机是被数辆汽车撞倒，事后却无法查明究竟是谁导致的侵害，并且导致了何种侵害。

在此类情形中，《民法典》第 830 条之规定可对受害人提供帮助。该条规定包含两部分：

第 1 款第 1 句所使用的词语为“共同实施的侵权行为”，意在表明共同（侵权）行为人（关系）。对此与刑法上的理解应是一致的。这一理解思路，同样适用于**该条第 2 款**所使用的“教唆人”与“辅助人”（Gehilfe = Beihilfe，帮助犯）概念。因此，在所有这类情形中，受害人只需证明被告对侵权行为的刑法上的参与关系。由此即可推导出对该侵权行为所致损害的责任，而不必证明被告方面具体的因果关系。而归责事由最终仍然是刑法上的故意，也就是被告参与侵权行为的故意。

除此“刑法”部分外，第 830 条还规定有民法上的规则。依据**该条第 1 款第 2 句**，“不能查明数参与人中何人以其行为造成损害时”，各参与人也要负其责任。也就是说，此时并不要求具备刑法上的共同参与故意（Mitwirkungsvorsatz）。实际上，只要对真正的具体侵害人（individuelle Urheberschaft）以及对由某一参与人所造成之损害份额不能确证时，即可适用该句之规定。当然受害人在任何情形下均须证明，被告确实参与了导致损害发生的侵权行为，并且被告方面(除因果关系要件外)也满足了责任规范中的所有要件。但依通说观点,在确认损害是由另外一个参与者所造成时,仅为可能性的肇事者不承担责任(而由所确认的肇事者承担责任)。对此尚有许多问题仍存争议(参见梅迪库斯:《民法》,边码789 以下)。

(二)责任的范围

在确定数参与人应负责任后,接下来的问题就是:各参与人是对全部损害承担责任,还是仅承担其中一个份额?乍看之下,后者似乎为正确答案;因为损害赔偿请求权通常是以金钱给付为内容,而金钱给付又是可分给付,自然也就依《民法典》第 420 条推知是可分之债。但与此恰恰相反,《民法典》第 840 条第 1 款选择的是**连带之债(Gesamtschuld)**的思路。如此一来,各参与人的责任一经确定,就要对全部损害承担责任;当然依《民法典》第 421 条、第 422 条之规定,债权人就给付在总体上只能要求一次。这显然是有利于受害人的解决方案;因为在连带债务人中只要债务人之一具有给付能力,债权人都将会获得完全的满足。更有进者,《民法典》第 840 条第 1 款在适用上还扩及侵权行为法之外,尤其在一参与人仅是基于合同而另一参与人基于侵权行为负其责任时,该款也有适用之余地(如债务人基于《民法典》第 280 条、第 278 条承担责任,而履行辅助人基于《民法典》第 823 条第 1 款负责任之情形)。 361

(三)内部关系中损害的分担

连带债务人向债权人为给付时,在对债权人的外部关系中,债权人的债权即获得履行。但在数个连带债务人的内部关系上,仍存在该损害的最终分担问题。《民法典》第 426 条有两款内容,规定该分担的法律技术细节问题[其第 1 款规定(各连带债务人)的补偿请求权,其第 2 款规定法定的(债权)移转]。而且该条第 1 款还规定分担比例,亦即各连带债务人应按**均等份额(gleicher** 362

Anteil)来分担;当然该原则仅在"无另有规定时"才适用。

这类"另有规定",可见于《民法典》第840条第2~3款、第841条。依这些规定,在连带债务人内部关系中,应由某一特定的连带债务人**单独**对损害**负责任**。但对《民法典》第840条第2款、第831条而言,**劳动法**领域发展起来的雇主所负担的营业性责任风险,已使该规则陈旧过时;亦即在行为上并无重大过失的雇工,可向雇主请求全部或部分免除受害第三人的赔偿债务(Ersatzforderung),从而不必依《民法典》第840条第2款就损害单独负责。

而且除《民法典》第840条第2~3款、第841条之规定外,就数个侵害人间如何分担损害,还适用一项虽非法定但通常认可的特别规则:类推适用《民法典》第254条之规定,依各侵害人的参与作用与过错程度(Mitwirkungs-und Verschuldungsanteil)来决定分担份额。倘若某一侵害人的参与作用或过错弱于另一侵害人,则其在内部关系上所应承担的损害份额相应地就会减少。在差异巨大的场合,一共同侵害人甚至可以要求完全免除其应承担的份额。

第五章　因不当得利而发生的请求权

最近几十年,不当得利法已成为教学上令人担忧的孩子[参见魏塞尔(Wesel):《新法律周刊》,1994 年,第 2594 页]:在科学上,就特定的案件情况存在激烈的争议,但其涉及解决办法方面的考虑比涉及结果更为常见。德国联邦最高法院尽可能地避免僵化:在多于二人参与的特别有争议的案件的情况下,应“不考虑一切公式化的解决办法”(《联邦最高法院民事裁判集》,第 105 卷、第 365/369 页如是说)。学生们最终不知道他们应该学什么,且过于认真地对待这一问题。他们尤其尝试也在简单案件中重新发现那些针对多人关系而教学的复杂问题,而这些复杂问题并不出现于简单案件中。于是,这种简单案件的解决办法要么根本不灵,要么需费甚巨才行。参见梅迪库斯:《民法》,边码 665。 363

以下叙述不打算进一步增加难度。因此,首先着眼的是不当得利法的简单基础,绝大部分案例可以本着这些基础得到解决。对于极有争议的领域,我仅限于若干提示。

第二十六节　不当得利请求权的内容和原因

一、不当得利请求权的内容

(一)不当得利的丧失

364 本书在论述与《民法典》第346条及以下相关联的合同解除时,已提到不当得利请求权的主要特征(参见边码186、边码187)。对不当得利法的其他法律效果援引,见诸《民法典》第527条第1款、第528条第1款第2句、第684条第1句、第993条第1款等。于是,只要正直的(即不被起诉且未主动得知其返还义务的)受益人不再得利,他就依照《民法典》第818条第3款不负责任。因此,债务人所负责任比依照一般规则负担的责任轻,这些一般规则使他多半因任何过失而负赔偿义务(参见边码367)。也就是说,他无须(像在损害赔偿请求权的情况下那样)给付债权人所缺的东西。毋宁说,他只应返还他仍过多地拥有的东西(**“收回请求权”**)。

可以想象,得利的丧失是各式各样的(参见边码186)。这样一来,所取得的标的会不可替代地丧失:未加保险的油画毁于大火;无法律上原因而取得的葡萄酒被喝光,却未节省其他费用;为了提高生活水平,使用无法律上原因而取得的金钱,不这样做生活水平就可能不提高,等等,不一而足。但是,在为无法律上原因而取得的、自身仍保存良好的标的所支出的费用内,也存在得利的丧失:运费、关税、税收、修理费。在此种情况下,如果向受益人补偿了使得利丧失的费用,则受益人只须返还所受领的利益。当然,在个别情况下,这里有许多争议:应较为狭窄地限定可予扣除的得利丧失,因为受益人必须自己承担其所选择的费用支出的风险。然而,对此目前尚无易于掌握且足够准确的说法。

365 在**双务合同**的情况下,只能有限制地适用《民法典》第818条第3款(参见边码186)。因为给付的受益人在此的确不相信有可能完全无自我牺牲而保有给付。毋宁说,他知道:在合同有效的情况下,他必须提供对待给付。其受保护的需求因此而有所减小。直到不久以前被压倒性地接受的**对价理论**欲考虑这一点:因《民法典》第818条第3款不再能请求返还的给付的价额,应从可得利的对待给付中扣除之。于是,买受人必须从其价款偿还请求权中扣除被毁坏的买卖物的价额。参见梅迪库斯:《民法》,边码224及以下。

但现今已表明,这**走得太远了**。因为还须考虑的是得利丧失的原因和无效性规范的保护目的;而正是由于这些规范,才需要依照不当得利法返还得利。所以,如果得利的丧失可归责于受益人或扣除与无效性规范的保护目的相抵触(如未成年人已将无效地购得的巧克力吃光:价款的返还请求不能减少巧克力的价额),则必须不予扣除。**另一方面**,如果他方当事人已先履行给付,以致单纯的扣除对之无用处,则也必须考虑他方当事人独特的不当得利请求权(参见梅迪库斯:《民法》,边码232)。

366 受益人将**所取得的东西**赠与,且未节省其他开支时,尤其可能存在得利的丧失。于是,《民法典》第822条例外地(参见边码389)赋予一项对受赠第三人的独特的不当得利请求权:因为他是无偿地即在未牺牲自己财产的情况下取得的,所以他的取得显得不那么值得保护(参见边码389)。

367 如果受益人知道其取得原因的瑕疵(《民法典》第819条第1款)或被诉请返还(《民法典》第818条第4款),则受益人的受益即丧失或终了。若干其他情形与此相同;在这些情形下,因其他原因而不值得保护(《民法典》第819条第2款、第820条)。然后,受益人依照一般规定负责任(《民法典》第818条第4款,参见边码187)。无论如何,《民法典》第219条、第292条乃一般规定。

其中,第 292 条援引了第 987 条及以下,亦即所有人与占有人的关系。于是,受益人尤其依照第 989 条对有过错的损失或所受利益的有过错的毁损负责任(在无过错的情况下,仅依照第 991 条第 2 款、第 287 条第 2 句考虑责任);依照第 987 条第 2 款,受益人必须赔偿有过错地不予收取的孳息;依照第 994 条及以下,受益人仅依照第 994 条第 2 款而替代性地取得费用。习惯上严格的担保责任是否在此之外适用于无法律上原因而取得的金钱(上文边码 166),则甚有疑问(参见《联邦普通法院民事裁判集》第 83 卷,第 293 页;梅迪库斯:《法学教育》1993 年,第 705 页、第 708 页及第 709 页)。

(二)所负担的给付

368 在返还义务依照刚才所言存在的限度内,它首先针对的是原先所取得的利益(《民法典》第 812 条第 1 款第 1 句)。依照第 818 条第 1 款,外加实际上收取的用益。如果所取得的利益不复存在,则依照第 818 条第 1 款的进一步规定,所负担的是归受益人所有的替代利益。因收取债权而取得的东西、物的损害赔偿或保险费均属之。反过来,通说并不把让与时所取得的价款算做替代利益[所谓"买卖时所取得的价款"(commodum ex negotiatione),源自拉丁文 negotiari,意思是"从事交易"]。毋宁说,在让与和原先所取得的利益按照其性质不能返还(如劳务)的情况下,依照第 818 条第 2 款,所负担的是价额赔偿。以债权无法律上的原因而发生为限,无法律上原因而成为债务人者,也可以基于第 821 条以(不完成消灭时效的)抗辩权来对抗。

二、不当得利请求权的原因

369 由《民法典》第 812 条第 1 款第 1 句已不难得知:有两种不同的得利构成要件。因为这条规定说"因给付"和"以其他方式"取得。在第 813 条、第 814 条、第 815 条和第 817 条也出现了"给付"。相应地,通说将得利划分为给付不当得利和非给付不当得利。

(一)因给付而发生的不当得利返还请求权

给付通常被理解为“他人财产的有意识且有目的的增加”。370
这虽然有点不精确,因为得利的标的(《民法典》第812条第1款第1句中的“利益”)也包括无财产价值的东西(如动物收容中心无偿地交出的动物);但除了这些罕见的特殊情况,通说认为这一给付概念大体上是足够的。

给付人所追求的**目的**多半是债务清偿(基于清偿原因的给 371
付)。这一清偿使给付人获得对给付中所付出的东西的补偿。例如,支付金钱债务的人虽然失去了金钱,却得到了数额相同的免除。这一补偿证明给付在法律上存在是正当的。给付是“铁定要予以返还的”。反之,如果达不到目的,如因所要清偿的债务未曾存在,那么,在给付中所付出的东西必须予以矫正。

所以,因给付而发生的不当得利返还请求权一般地(例外见边码377)服务于**未实现其目的的给付**的收回。在目标设定上,它接近合同的解除(参见边码179)。

(二)非因给付而发生的不当得利返还请求权

与“因给付”而取得相反,“以其他方式”取得只是被消极地规 372
定,亦即“因给付以外的原因”。这与“非因给付而发生的不当得利返还请求权”的呆板名称是一致的。只有区分多个案件类型时,才有可能就此发表具体见解。因此,在提到“非因给付而发生的不当得利返还请求权”时,通常用的是复数。

其中最重要的包括**因侵犯而取得**:受益人不是因他人有目的的意思而取得利益,而是自行获取利益。如无权但有效的让与(《民法典》第816条第1款就此有特别规定)或对他人的物的消费即是。**因侵犯而发生的不当得利请求权**有助于除去以此种方式取得的利益(参见边码394及以下)。

罕见得多的是所谓“**因追偿而发生的不当得利返还请求权**”: 373

丙因甲向乙所为的给付而受益；甲想要丙返还不当得利。此种有利于第三人的情形本身发生得并不罕见：请想一想连带债务（如多个侵权行为人基于《民法典》第 840 条第 1 款而发生的连带债务），连带债务人之一人的给付依照《民法典》第 422 条也免除其余债务人相对于债权人的债务。然而，这里并不需要不当得利法，因为给付人对其余依照第 422 条被一并免除债务的连带债务人的追偿，已在第 426 条被特别地规定了。在有清偿权的第三人的给付的情况下，发生类似效果（第 268 条第 3 款第 1 句）：受清偿的债权人对债务人的请求权转移给履行给付的第三人。此种法定债权让与的诸多其他情形，见于《民法典》的其他地方，如关于保证的第 774 条；如果第三人给付扶养费，则多次发生此种情形（如第 1584 条第 3 句、第 1607 条第 2 款第 2 句、第 1608 条第 3 句、第 16151 条第 3 款第 1 句）。在《民法典》之外，《报酬继续支付法》第 6 条、《保险合同法》第 67 条和《社会法典》第 10 章第 116 条均很重要。

这样一来，留给因追偿而发生的不当得利返还请求权的**空间就不多了**。不依照《民法典》第 268 条享有特权地位的**第 267 条所规定的第三人给付**就构成了一种（在个别情形下有问题的）适用的情形（参见梅迪库斯：《民法》，边码 684、边码 685）。但于此有必要的是，履行给付的第三人不愿意清偿臆想的自身债务：那么，真正的债务人尤其不被免除债务，且支付人对受益人享有因给付而发生的不当得利返还请求权。

例如，父亲相信其儿子用石头打破了所有权人的窗玻璃，并向所有权人赔偿了损失（见《民法典》第 832 条第 1 款）；但事实上，第三人才是肇事者。于是所有权人对第三人的请求权不变，因为父亲显然不想替第三人支付；父亲可以向所有权人请求返还不当得利。但有争议的是：父亲是否可以事后像“改变所有权人对第三人的请求权的方向”那样请求返还不当得利，并向现已被免除债务的第三人请求返还不当得利(如第三人比所有权人更有支付能力)。关于这点,参见梅迪库斯:《民法》,边码 951。

第三个案件类型是为他人利益而支出的费用,尤其是对他人的物的使用。这里,在考虑之内的是支出费用者和受益者之间通过不当得利返还请求权达成的均衡,而该请求权是因支出(使用)而发生的。这种类型的案件本身也不少见。但是,此种不当得利返还请求权又压倒性地被特别规则所排斥。尤其是费用可以通过合同所定的报酬来清偿(如在承揽合同的情形下);此外,费用在那里显得已很像给付了(如手工业者对业主的给付)。《民法典》第 670 条、第 683 条、第 684 条第 2 句尤其给予特别的费用补偿。这样一来,留给**因费用支出(使用)而发生的不当得利返还请求权**空间就不多了(参见梅迪库斯:《民法》,边码 892、边码 893)。(在个别情况下有争议的)第 994 条及以下的优先地位也是必须考虑的。 374

刚才所叙述的案件类型并不包括非因给付而发生的不当得利返还请求权的所有情形。尤其是存在诸如(《民法典》第 816 条第 1 款第 2 句、第 822 条所规定的)对**无偿受益人**的不当得利返还请求权。除此之外的**剩余部分**如此之少,以致其独特的不当得利返还请求权称谓迄今未获成功。例如,此种"无名的"非因给付而发生的不当得利返还请求权,见于下文边码 392 等处。关于这一问题,参见拉伦茨/卡纳里斯(Larenz/Canaris):《债法》第 2 卷第 2 册,1994 年第 13 版,第 69 节第 4 部分。 375

第二十七节　因给付而发生的不当得利返还请求权

一、概述

为了说明因给付而发生的不当得利返还请求权的理由,可划 376

分以下四个问题领域：

(1)谁是债权人？

(2)谁是债务人？

(3)其达到或落空决定给付的可请求返还性的目的何在？

(4)是否存在排除因给付而发生的不当得利返还请求权的原因？

在这里，前两个问题所引起的困难最大。但是这两个问题只有在两个以上的人参与财产流转时尤其是在所谓**“三人关系”**的情况下。下文从边码388才开始讨论这些关系。反过来，我先将讨论限于**二人关系**。

二、具有决定性意义的“法律上的原因”

(一)目的落空作为通常的不当得利返还请求权的原因

377 上文边码371讨论了作为不当得利返还请求权的原因的给付所追求目的之不达到：因给付而发生的不当得利返还请求权应在一定程度上补偿给付人因其所做牺牲无效果而遭受的失望。下面(自边码378起)将阐述对此有决定性意义的给付目的。

但是，首先必须提及一个(很少发生的)**例外**，即《民法典》第817条第1句(基于可耻或不正当原因的不当得利返还请求权)。在那里，给付目的虽已达到，但所采取的方式是“受益人因受领(给付)而违反了法律禁止性规定或善良风俗”。这样的受领不应是在法律上靠得住的。因此，尽管目的已达到，给付人在这里被赋予不当得利返还请求权。例如，为了保住性命而向威胁者支付了金钱：这些金钱可以请求返还，而不管所威胁的危险是否已发生。

然而，在违反法律或善良风俗的多数情况下，受到责备的不(像《民法典》第817条第1句所规定的那样)仅仅是受益人而已。毋宁说，责备仅仅针对给付人(如在暴利的情况下)或针对双方当事人(如在禁止从事武器或毒品交易的情况下)。于是，费解的

《民法典》第 817 条第 2 句就要介入了,参见边码 385 及以下。

（二）旨在清偿债务的给付

多数给付应清偿债务;也就是说,它们是由于清偿原因而发生的。这样一来,买受人想清偿其价款债务;相反,出卖人则想履行其转让买卖物所有权的义务。于是,就因给付而发生的不当得利返还请求权而言,依照《民法典》第 812 条第 1 款第 1 句第 1 种情形(非债清偿的不当得利返还请求权),唯独这一清偿目的具有决定性;一切以其他多少不同的方式追求的目的均不予考虑。买受人是否能够以计划的方式使用买卖物等情形均在所不问:如果买卖物无物的瑕疵,则通常不能拿买卖怎么样。例如,购买汽车的人承担其很快被没收驾驶执照的风险。因为,因给付而发生的不当得利返还请求权在任何情况下都不应打破合同法所定的风险分配。 378

如果**对待给付不发生**,则在双务合同的情况下也是如此:于是债权人不能请求返还已向他提供的给付。毋宁说,他必须为了能够请求返还这一给付而根据《民法典》第 323 条及以下采取措施;他通常会进入合同解除法领域。**意思瑕疵**也并不马上赋予行使不当得利返还请求权的权利:如果意思瑕疵不导致无效,则有瑕疵的意思表示必须依照《民法典》第 119 条及以下予以撤销。

由于所预期的清偿的失败,需要一项因给付而发生的不当得利返还请求权;这也与**无因性原则**有关联:该原则使得一项处分之有效不取决于是否存在一项有效的做出处分的义务(参见边码 37)。可见,由于处分的有效性,返还请求权就行不通了;故可考虑者唯请求将所有权重新转让回来的不当得利返还请求权而已。 379

但是,在许多其他情况下,即便**撇开无因性原则**也需要不当得利返还请求权。如劳动给付或非标的的(因而不可请求返还的)给付或以簿记金钱为手段的支付(如通过银行汇兑)即是。但是,在以簿记金钱为手段的支付的情况下,如果法律行为上的所有权转让不生效力,则所有权常常甚至会(依照《民法典》第948条、第947条第2款)丢失(参见边码272);为了请求返还,在这里也只剩下一项不当得利返还请求权(但系基于侵犯的,参见边码394)。

380 因给付而发生的不当得利返还请求权之以清偿失败为缘由者,因《民法典》第813条而有所扩张:这里,所要满足的请求权虽已发生,但附有一项永久性**抗辩权**。这样一来,给付人因行使这项抗辩权或许就可以保护自己了;他在给付上所做的牺牲是不必要的。所以他应照样可以请求返还不当得利,如同所要清偿的债权根本不曾存在一样。

就《民法典》第813条而言,当然也需要一项**永久性**抗辩权。延期清偿和留置权等只是暂时性的(《民法典》第273条及第274条、第320条、第1000条,《商法典》第369条)。相反,《民法典》第821条、第853条以及继承人责任的限制(《民法典》第1973条、第1975条、第1990条)等是永久性的。消灭时效抗辩权本身也是永久性的。然而,针对已完成消灭时效的债务的给付恰恰是不能请求返还的,《民法典》第813条第1款第2句、第214条第2款:消灭时效完成后,确实不再需要就该项义务发生争议。

381 依照《民法典》第812条第1款第2句第1种情形(由于法律上原因消失而发生的不当得利返还请求权),法律上原因的**嗣后消失**视同起初就无法律上原因。有待满足的债权所由起源的合同之因撤销而被去除,当然无须归入法律上原因的嗣后消失:依照《民法典》第142条第1款,撤销有溯及的效力,以致可以利用法律上原因之起初不存在。《民法典》第812条第1款第2句第1种情形常被称为解除条件或期限的嗣后成就或到来。但是,这里或许根本不需要不当得利返还请求权。因为经常在这种情况下,通过解释包含着条件或期限的基础行为,已可得出返还义务。

这适用于担保性所有权转让等情形:如果尚未在物权法上通过履行所担保的债权对担保性所有权转让附解除条件(参见边码

246),那么所有权必须在履行后转让回来。因为当事人往往已估计到履行,所以,依交易习惯(《民法典》第 157 条)默示地约定的将所有权转让回来的义务,也可以认为是担保合同的内容。

是故《民法典》第 812 条第 1 款第 2 句第 1 种情形的适用范围甚小;它指的是诸如在合同被通知终止后请求返还所预先支付的使用租金等情形。该规定被不时地适用于婚姻或其他永久性生活共同关系解除之后,以请求返还因期待该共同关系而做出的给付。然而这是有问题的;交易基础的丧失才是要考虑的(参见梅迪库斯:《民法》,边码 690、边码 691)。

(三)出于其他目的的给付

最后,如果“依照法律行为的内容而用给付来追求的结果并 382
未出现”,则尚可依照《民法典》第 812 条第 1 款第 2 句第 2 种情形请求返还不当得利(由于给付所针对的法律上原因未出现而请求返还不当得利)。根据该规定的上下文,该请求权必须是除债务清偿以外的结果。如果存在此种清偿目的,也不能由于给付人在清偿以外追求的其他目的而适用第 812 条第 1 款第 2 句第 2 种情形。举例来说,如果婚姻失败,那么因期待女债权人将与他结婚而偿还债务的人就不能请求返还不当得利。就第 812 条第 1 款第 2 句第 2 种情形而言,所剩下的首先是因期待合同成立或期待无效合同生效而做出的给付。一个被特别地规定的适用情形乃是在订婚的情况下,在婚姻不缔结时请求返还礼物,《民法典》第 1301 条。

三、排除因给付而发生的不当得利返还请求权的原因

(一)相抵触的行为

给付人不得使因给付而发生的不当得利返还请求权与自己的 383
行为相抵触。由《民法典》第 242 条即已得出的这一规则(禁止实施反对自己的行为的行为)又因两条规定而具体化:依照《民法典》第 814 条第 1 种情形,如果出于履行目的而给付的人知道他并

无给付义务,那么他就不能请求返还;在第 813 条的情况下,给付人必须已知道永久性抗辩权。再者,依照第 815 条,如果给付人已知道结果不能发生,或者他违背诚实信用原则而阻碍结果的发生,则不得依照第 812 条第 1 款第 2 句第 2 种情形(上文边码 382)请求返还。通说也将该规则适用于第 1301 条的情形:违背诚实信用原则而阻碍婚姻的缔结的人,不得请求返还其所给出的礼物(《联邦普通法院民事裁判集》第 45 卷,第 258 页)。

(二)道德和礼仪

384 兄弟姐妹之间(见《民法典》第 1601 条:他们只是互为旁系血亲!)未负担的扶养给付,如果给付人已知道其无扶养义务,则依照第 814 条第 1 种情形即已可以请求返还。但是在不知道的情况下,如果给付"合于道德上的义务或礼仪上所做考虑",也不得请求返还(第 814 条第 2 种情形)。基于同样原因,依照第 534 条,也不得因重大忘恩行为而撤回赠与。

(三)给付人之违反法律或善良风俗

385 《民法典》第 817 条在第 1 句规定了独特的不当得利请求权,而在第 2 句里却有一个请求权排除。这一规定根本属于《民法典》里最有问题的规定。

但肯定的是,第 817 条第 2 句的**适用范围**必须在两层意义上加以**扩展**。因为:首先,该规定不仅如同按照其在民法典中的位置所推断出的那样排除基于第 817 条第 1 句而发生的请求权。毋宁说,也应排除的是通常竞合的、一般的、因给付而发生的不当得利返还请求权,《民法典》第 812 条第 1 款第 1 种情形(该请求权产生于基础行为多半依第 134 条、第 138 条无效这一事实)。其次,第 817 条第 2 句不可像其措辞("同样")所说的那样,仍限于双边的违反法律或善良风俗。毋宁说,只有在给付人(如获暴利者)单独有此种违反行为时,才必须完全排除返还的请求。

反之,《民法典》第 817 条第 2 句是否也排除**不当得利请求权**

以外的请求权(如基于第 985 条而发生的请求权),则是甚有争议的。其先决问题是,因第 134 条、第 138 条而导致的无效是否也包括物权法上的履行行为(**瑕疵的同一性**):只有在对此做肯定的回答时,才能请求返还。关于第 134 条、第 138 条之适用于履行行为的司法判例并不统一,但对将第 817 条第 2 句扩张适用于不当得利请求权以外的请求权予以了否定。然而,这无论如何也不可导致如下情形:恰恰是有伤风化的给付可以借助于第 985 条请求返还,原因是在这些给付的情况下履行行为也被认为无效。参见梅迪库斯:《民法》,边码 697。

确定《民法典》第 817 条第 2 句的**规范目的**的困难很大。乍 386
看起来,可以想到**惩罚**:既然在违反法律或善良风俗的受领的情况下,受益人依照第 817 条第 1 句不得保留所给付的利益,那么,在违反法律或善良风俗的给付的情况下,给付人应依照第 817 条第 2 句失去返还请求权。但这是相抵触的:恰恰在第 817 条第 2 句的措辞所明确提到的双方均有违反行为的情况下,为了同样可指摘的受益人的利益而惩罚给付人是无意义的。

这样的想法或许更有说服力:《民法典》第 817 条第 2 句包含着**对权利保护的拒绝**。尤其是不应准许给付人为了替其返还请求权辩护而援引其自己的违反法律或善良风俗的行为("不得援用可耻的行为而有所请求")。没有法律保护,该行为就仍处于双方当事人自愿将它带到的状态。由此产生的多少有些不公平的结果,必须由双方当事人自取其咎:那些在法律或善良风俗之外行事的人的结局就是如此。就民法方面而言,这适合于毒品交易或违禁的武器交易等(在刑法上,还要加上没收违禁的交易标的)。

另一个规范目的是在暴利的情况下考虑的,而**暴利**同时是 387
《民法典》第 817 条第 2 句最为多见的适用情形。在暴利或准暴利的金钱消费借贷的情况下,交易依照第 138 条无效(参见边码 103)。于是请求偿还或利息的合同请求权就不起作用了。相反,正确的通说给予暴利者请求在约定的将金钱交给借用人的期间届满后返还消费借贷金额的不当得利请求权:在金钱消费借贷的情况下,“给付”只是在一定期间内将资金交给借用人而已。所以,不得请求返还这一给付只不过意味着不得在一定期间内为之罢了;期间届满后,请求返还又是可能的了(参见梅迪库斯:《民法》,边码699)。在这里,第817条第2句确保了:在不能马上重新夺走受暴利盘剥者所需要的金钱的限度内,第138条不致对其不利。毋宁说,贷与人应不顾其许诺不生效力而坚持将其所许诺的资金交给借用人。

当然,这并非强制性地决定让受暴利盘剥者**完全无偿地**取得用益。司法判例做出了肯定的回答,并提到了在我看来是错误的且在民法上陌生的刑法思想(参见边码386)。相比之下,似乎有更好的理由赞成一项基于第818条第2款而发生的价额补偿义务(参见梅迪库斯:《民法》,边码700)。

四、多人关系

388 按照上文边码376所述,有两个问题在现在所讨论的二人关系的情况下未被提出:谁是因给付而发生的不当得利返还请求权的债权人?谁又是该请求权的债务人?但是,在多于二人参加的情况下,这两个问题就成为问题了。在此情况下,可以大致区分给付链条、指示(所谓“三角关系”)和其他有第三人参加的关系。

(一)给付链条

如果给付被从第一个受益人处传递,则存在给付链条。例如,从大商人G处向小商人K传递给付,而K是从制造商F处取得商品的。这是多个前后连接的二人关系:从F到G,又从G到K。

在这里,确定的是:请求返还不当得利总是必须**在受干扰的二人关系中**为之。因此,设若F和G之间的买卖不生效力,则F必须在G处请求返还不当得利。如果G已将商品转手卖给K,则G依照《民法典》第818条第2款有义务赔偿价额。按照现今的绝对通说,纵使G和K之间的买卖无效(**双重瑕疵的情形**),F也断不可能对 K“采取直接措施”。但按照通说,F 只能向 G 行使 G 因商品而对 K 享有的不当得利请求权(所谓“不当得利返还请求权的不当得利返还请求权”)。然而,F 在此种情形下也可以替代性地向 G 请求赔偿商品价额的较好理由是存在的(参见梅迪库斯:《民法》,边码 673)。

只有上文边码 366 已述及的《民法典》**第 822 条的情形**是一个例外:在这里,给付人对给付受领人的请求权因第 818 条第 3 款而不得行使,但给付人可以对从受领人处获得赠与的第三人“直接采取措施”;根据拉伦茨、卡纳里斯(Larenz/Canaris)所著的《债法》第 2 卷第 2 册,1994 年第 13 版,第 69 节第 4 部分 1a,第 822 条因此而创设了一项“(辅助性的)在链条上直接采取措施的不当得利返还请求权”。所以,受赠与的第三人在这里因其取得的无偿性而不那么值得保护。 389

(二)指示的情形

在指示的情形下[Anweisung 在这里做“指示”解,而不是在《民法典》第 783 条(关于指示证券)的狭义上说的],**多个二人关系相互关联**。设若在上文边码 388 所提到的案件里,G 和 F 约定 F 应直接向 K 交货,则存在此种关系。于是二人关系为: 390

(1)K 向 G 出卖;

(2)G 向 K 出卖;

(3)F 向 K 交货。

就扩增为一个三角关系如下:

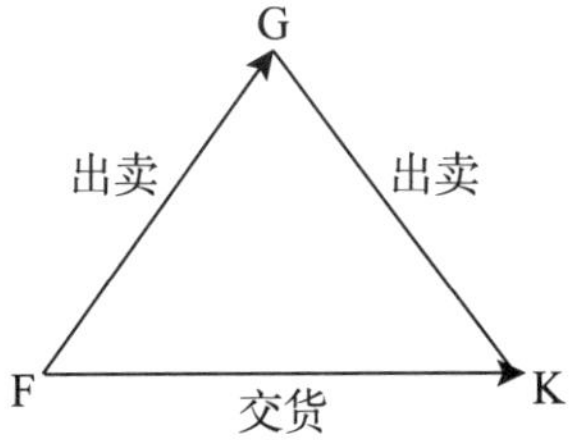

391 在这里,尽管于 F—G 和 G—K 这两个二人关系之外还存在 F—K 的直接交货关系,此种情形的**处理恰如**上文边码 388 的**给付链条**:在须孤立地予以考虑的各个因果关系或给付关系中,可分别请求返还不当得利。因此,如果 F 和 G 之间的买卖不生效力,F 必须向 G 请求返还不当得利;G—K 的关系与此相仿。即便两宗买卖均不生效力,F 也不能直接向 K 采取措施。那么,正如在上文边码 388 的情况下一样,问题只是:F 是否可以向 G 请求赔偿货物的价额,还是仅仅可以请求让与 G 对 K 的不当得利返还请求权。

如果借助于上文边码 254 所述双重的指示取得来思考问题,那么,处于因果关系中的这一不当得利返还请求权就与货物**所有权**的物权法上的**命运**一致:F 向 K 交货时,所有权就从 F 转移给 G 并从 G 转移给 K。但即使不这样做(在土地的情况下,这一结构本来就被否定,因为 G 不经登记是不能取得所有权的):结果也适用于上文边码 370 所描述的给付概念。因为如果 F 向 K 交货,那么 F 相对于 K 来说不追求任何目的:F 根本就不知道 G 与 K 处于什么关系中,尤其不知道 G 是否愿意(立即)向 K 转让所有权。毋宁说,F 只是想用这项交货来履行他自己相对于 G 的买卖合同义务,并因而只向 G 履行给付。相应地,在 G 向 F 发指示时,G 的目的仅仅在于履行基于他与 K 订立的买卖合同而发生的义务罢了。所以,尽管有 F—K 的直接交货,所涉及的却是 F—G 和 G—K 两项给付。既然不当得利返还请求权仅在这些人之间发生,则必须在不当得利法上考虑上述情况。

类似的情形发生于**银行汇兑**,在此情形下根本未发生所有权的转让(被移动的唯"簿记金钱"而已):S 想指示其银行 B,让钱汇入 G 在其银行 C 的账户。于是,S 就向 G 履行了给付;所以 S 只能向 G 请求返还不当得利,且仅在他与 G 的关系中,在无法律上原因的情况下向 G 请求返还不当得利。反之,银行 B 和银行 C 只愿意履行它们分别与客户 S 和 G 缔结的转账合同;所以它们单单向它们的客户履行给付。只有在转账合同运作不正常的情况下,才考虑银行的因给付而发生的不当得利返还请求权或对银行的此种请求权。

直接的措施(在交货的例子里由 F 向 K,在银行的例子里由银行 B 向 G)只有在因给付而发生的不当得利返还请求权以外方属可能。这就是**不生效力的指示**的情形。如在交货的例子里,G 在发出指示时是精神病患者或只不过是被他人不生效力地代理,那么,F 无权向 K 交货;他并不因这一给付而免除相对于 G 的义务。但在这一交货中,也不存在 G 向 K 的给付:包含于指示中的 G 的目的确乎不生效力。因此,在没有给付的情况下,在此不考虑因给付而发生的不当得利返还请求权。但因侵犯而发生的不当得利返还请求权也不存在,因为 K 并未拿到什么东西。毋宁说,剩下的只是一项 F 对 K 的(无名的,参见边码 375)、**另外的非因给付而发生的不当得利返还请求权**:K 确实以其他方式使 F 蒙受损失而取得了利益。 392

在银行汇兑的情况下也相仿:如果银行 B 执行其客户 S 的不生效力的指示,那么它就不能使 S 的账户被记入借方。但另一方面,S 相对于其债权人 G 的义务亦未免除。是故只剩下一项 B 对 G 的、非因给付而发生的不当得利返还请求权。参见梅迪库斯:《民法》,边码 677。

(三)其他情形

若干特别的情形既不能归入给付链条的示意图,也不能归入指示的示意图。尤其值得怀疑的是,给付目的是相对于谁而被追求的,因为因果关系并未就此给出清晰的答案。故此,必须经过较为艰难的思考来确定因给付而发生的不当得利返还请求权的当事人。作者在此不拟展开陈述(参见边码 363);但略举两个例子如下: 393

在**真正的利益第三人合同**(参见边码 197)的情况下,约定人通常有两个债权人,即受约人(见《民法典》第 335 条)和第三人。约定人想要以其对第三人的给付清偿两项债务;因而不当得利返还请求权的债务人可以是受约人或第三人。参见梅迪库斯:《民法》,边码 680 及以下。

在**债权让与**(参见边码 202)之后,债务人虽然只有一个债权人即受让人(新债权人),但债务人的义务却源于他与旧债权人之间的债务关系。因此,通说将(债务人)向新债权人提供的给付跟(债务人)与旧债权人之间的债务关系联系起来。参见《联邦普通法院民事裁判集》第 105 卷,第 365 页;第 122 卷,第 46 页以及(批评性地)梅迪库斯:《民法》,边码 685a。

第二十八节　因侵犯而发生的不当得利返还请求权

一、适用范围

394 在因侵犯而发生的不当得利返还请求权的情况下,所取得的利益不是源于给付(即他人有目的的给予),而是源于一个“拿”字。对他人权利领域的此种侵犯可能同时是侵权行为,如《民法典》第 823 条第 1 款所规定的有过错地侵害所有权的行为。但此种侵犯不一定是侵权行为:让与或消费他人的物的人,可能自认为是所有人却无任何过失。在此种情况下,只有因侵犯而发生的不当得利返还请求权可供使用。如果侵犯人虽有过失,但作为正直的和不受指责的非侵权占有人(《民法典》第 990 条第 1 款、第 992 条)而最终为第 993 条第 1 款所保护,并免受损害赔偿请求权之累(参见边码 343),则情况也相仿。在这里,因侵犯而发生的不当得利返还请求权虽未使受害人获得损害赔偿,却使侵犯人所得的利益被返还。在其他情况下,侵权行为请求权可以与因侵犯而发生的不当得利返还请求权相竞合。

侵犯行为首先存在于无权利人的消费、让与和设定负担。反之,毁坏和损伤则几乎不予考虑;因为它们虽引起损害,但极少使行为人得利。在物的情况下,单纯的用益通常只对占有人是可能的,而《民法典》第 987 条、第 988 条、第 991 条、第 993 条第 1 款为占有人的利益而居于优先地位:如果他是正直的和不受指责的,且是有偿占有,则只因那些“按照通常的经营规则不能看做物的收益”的孳息而负责任,第 993 条第 1 款。这些是所谓**“过度的孳息”**,如森林里砍光树木的空地;在此情况下,最终涉及的是物质的消费。

在这些可考虑的侵犯行为中,处分和给付的受领被特别地规定于第 816 条(参见边码 395 及以下)。其他所有侵犯行为均归于第 812 条第 1 款第 1 句第 2 种情形之下。

二、《民法典》第 816 条中的特别规定

(一)无权利人的有偿处分(《民法典》第 816 条第 1 款第 1 句)

《民法典》第 816 条第 1 款规定了无权利人所为的、相对于权利人有效的处分。最常见的情形是无权利人基于正直的取得(所为处分)的有效性,首先是依照第 932 条及以下、第 892 条(参见边码 258 及以下、边码 286、边码 287)。在这里,权利人丧失其权利是因为善意人取得了它。设若善意人因不当得利而须将所取得东西的所有权反过来转让给“被剥夺所有权的”旧所有人,则第 932 条及以下、第 892 条对善意人的保护显然会失去价值。因此,基于《民法典》第 816 条第 1 款而发生的请求权不是针对取得人的,而是**针对让与人**的:在有偿的情况下,让与人的确从让与中得到了利益(按照通说,这利益是指取得请求报酬的债权或报酬本身),而该利益是他作为无权利人所不配得到的。 395

但除此以外,还有人主张扩张《民法典》第 816 条第 1 款(但也并不是非扩张不可):该规定也应适用于那些依照法律对旧权 396

利人尚不生效但因旧权利人依照第 185 条第 2 款第 1 句予以**追认**而变得有效的处分行为。

例如,D 在 E 处偷盗了首饰并将它让与给 K。那么,即使 K 是善意的,他依照《民法典》第 935 条第 1 款也不能取得所有权。E 仍旧是所有人,故可依照第 985 条请求返还首饰。但这似乎对 E 不那么有利:或许他不知道 K 的居所(甚至不知道其本人);或许首饰在此期间也已被损坏了。于是,E 可以追认 D 对 K 所做出的让与,并在该处分以此种方式发生效力后,对 D 采取行动。如果追认只是在返还的同时(Zug um Zug)做出,那么通说甚至认为这就够了。在让与链条的情况下,E 应能够自己定夺他想要追认哪一让与行为(通常是收取了最高进款且让与人有支付能力的那一让与)。

397 就基于《民法典》第 816 条第 1 款第 1 句而发生的**请求权的内容**而言,存在几乎无甚意义的争论:通说尤其是判例以让与人因基础的因果行为而取得的**对价**(通常是买卖价款)为该请求权的内容。相反的观点则将处分**标的的价额**定为请求权的内容(参见梅迪库斯:《民法》,边码 721 及以下)。赞成这一观点的是:一般的因侵犯而发生的不当得利返还请求权也是针对所取得利益的价额的(参见边码 402)。

相反,就另一个更为本质的点,则存在很大的一致性:处分人不得从依照《民法典》第 816 条第 1 款第 1 句而负担的债务中,扣除他自己为了取得而已向其无权利的前手支付的东西(参见梅迪库斯:《民法》,边码 725)。毋宁说,相对于该前手,处分人所依靠的是其因权利瑕疵责任而发生的请求权(通常基于《民法典》第 433 条第 1 款第 2 句、第 437 条、第 440 条、第 280 条、第 281 条、第 346 条)。

(二)无权利人的无偿处分,《民法典》第 816 条第 1 款第 2 句

398 依照《民法典》第 816 条第 1 款第 2 句,在无权利人的无偿处

分的情况下,(原来的)权利人的请求权是针对“基于该项处分而直接取得法律上利益的人”的。这通常被理解成受赠与人:其在没有自己的牺牲的情况下所取得的权利,必须如同在第 822 条的情况下那样,向失去权利的人让步。

在此情况下,《民法典》**第 816 条第 1 款第 2 句和第 822 条**的区别如下:在第 816 条第 1 款第 2 句的情况下,做出处分的是无权利人;权利人对无权利人的请求权无须是不当得利请求权,而所涉及的常常是返还请求权。相比之下,在第 822 条的情况下,做出处分的是仅仅被答应享有不当得利请求权的权利人;只有这一请求权依照第 818 条第 3 款消灭了,才创设基于第 822 条而发生的请求权。

(三)使债务免除的、对无权利人的给付,《民法典》第 816 条第 2 款

给付的受领是否是对有待满足的债权的处分,可能是成问题 399
的。但无论如何,《民法典》第 816 条第 2 款把这一受领视同处分:无权利的受领人应将其所得的利益返还给丧失所有权的人。

《民法典》第 816 条第 2 款最重要的适用情形乃是**静默的**(即未通知债务人的)**债权让与**:在这里,如果债务人仍向(已无权利的)旧债权人支付,则债务人依照第 407 条免除债务。于是新债权人可以向旧债权人请求返还所受领的利益。

另一适用情形要复杂些:为了担保贷款,银行常常拿**总括的债权让与**来代替其客户的欠款;这一债权让与也应包括将来发生的债权。现在,如果借款人在**延长的所有权保留**的情况下从供应商处购买货物,则在所有权保留中包含的对供应商的债权让与(参见边码 248)就同对银行的总括的债权让与相抵触。联邦普通法院虽然原则上让较早的总括债权让与居于优先地位,但仍认为它是违背善良风俗的(《民法典》第 138 条第 1 款),因为缺乏对保留所有权的供应商的必要顾及(存疑,参见梅迪库斯:《民法》,边码

525 及以下)。据此,债权人不是银行,而是基于其延长的所有权保留的后来的供应商。如已将对银行的债权让与通知债权的债务人,且他已向银行支付,那么他就依照第 409 条第 1 款免除债务。但是,银行必须依照第 816 条第 2 款将所取得的利益偿还保留所有权的供应商。

三、一般的因侵犯而发生的不当得利返还请求权

400 在《民法典》第 812 条第 1 款第 1 句第 2 种情形所规定的因侵犯而发生的不当得利返还请求权的情况下,所涉及的不是第 816 条所规定的处分行为或给付的受领。毋宁说,这里包含的是**一切其他侵犯行为**,尤其是因消费而引起的侵犯行为(参见边码 394)。债务人是侵犯者,债权人是所侵犯客体的所有人,因为取得是"使他人蒙受损失"而发生的。就不当得利请求权而言,权利人是否自己也造成该项取得,即他是否受到损害,是无关紧要的。

(一)侵犯的客体

适合的侵犯客体无疑是一切权利。但被侵犯的必须恰是其**分配内容**:侵犯者必须拿走了权利人所享有的某样东西。在此情况下,未被设定负担的所有权具有广泛的分配内容(《民法典》第 903 条第 1 句);限制物权以及先占权(第 958 条第 2 款)和取得权(第 954 条及以下)则在其分配内容上受限制。

除此以外,存在某些法律地位,它们的分配内容根本或至少在范围上是**成问题的**。占有(这里,在无占有权的情况下或许必须完全否认分配内容)、一般人格权以及设立和经营营利事业的权利(参见边码 349、边码 350)。仅仅为《民法典》第 823 条第 2 款意义上的保护性法律所确保的那些地位的分配内容,也可能是成问题的。

(二)无法律上的原因

401 因侵犯而发生的不当得利返还请求权也是以无法律上原因为前提的。但是,合同上对侵犯行为的许可通常已形同给付(如《民法典》第956条所规定的先占许可)。于是,通常可考虑的仅仅是许可人的因给付而发生的不当得利返还请求权(必要时在撤销作为许可的基础的合同之后)。

(三)请求权的内容

被侵犯的占有通常不能原封不动地予以返还,所以一般的因侵犯而发生的不当得利返还请求权所针对的是该项占有的价额(《民法典》第818条)(参见梅迪库斯:《民法》,边码719)。侵犯者在这里可以保有他因运气或特别的灵巧而取得的超过价额的进款(通说对第816条第1款第1句的观点有所不同,参见边码397)。 402

四、侵犯行为和给付关系

(一)问题

因侵犯而发生的不当得利返还请求权的一个颇受争议的问题是它与给付的关系。但**在同样的人之间**清楚的是:某人因他人的给付而获得的东西,是不能被他自己拿走的——不能因侵犯而被他所取得。例如,如果一个建筑工程承包人B为了履行建筑工程承包合同而将属于他自己的材料嵌入E的土地里(《民法典》第946条、第93条、第94条),那么E就因给付而有所取得:在合同有瑕疵的情况下,只存在B的因给付而发生的不当得利返还请求权。 403

这按照《民法典》第951条第1款第1句的措辞似乎是成问题的:如果该规定是**法律效果的援引**(援引第818条及以下),那么它的要件或许因B的所失和E的所得而轻而易举地得以满足。然而,第951条第1款第1句却被正确地理解成**法律原因的援引**:该项援引也包括规定了请求权原因的第812条及以下。由此得出的结果是:在有法律上原因的情况下(在这里是指在建筑工程承包合同有效的情况下),是不存在因给付而发生的不当得利返还请求权的。再者,由于该项取得是基于给付的,非因给付而发生的不当得利返还请求权已行不通了。

相反,如果土地所有人 E 自己未经 B 的许可而将 B 的材料嵌入土地,且 E 不能基于合同而向 B 请求嵌入,那么 B 就有因侵犯而发生的不当得利返还请求权。那样的话,就不存在给付,《民法典》第 951 条第 1 款第 1 句中的援引即为第 812 条第 1 款第 1 句第 2 种情形所满足。

404 但如果**第三人牵涉进来**,就会产生困难。例如,B 为了履行建筑工程承包合同而将属于第三人 D 的材料嵌入 E 的土地(该第三人 D 可能在保留所有权的情况下供应材料)。在这里,虽然在 B 和 E 之间存在给付,但是这会对未参与建筑工程承包合同和嵌入的第三人 D 吗? 在与第三人 D 之间的关系中,似乎《民法典》第 951 条第 1 款第 1 句、第 812 条第 1 款第 1 句第 2 种情形的要件得到了满足:D 因嵌入而遭受了权利丧失,且该权利变更是为 E 的利益而发生的。在这两个人之间也无法律上的原因(建筑工程承包合同的确是仅仅在 B 和 E 之间相对地发生效力的)。那么,尽管 E 或许已为所嵌入的材料而向 B 支付,E 还须向 D 赔偿所嵌入材料的价额吗?

(二)因侵犯而发生的不当得利返还请求权的附随性?

405 对于此种情形,在二人之间理所当然的(参见上文边码 403)非因给付而发生的不当得利返还请求权(尤其是因侵犯而发生的不当得利返还请求权)的附随性,也被经常**转让给第三人**。可用《民法典》第 816 条第 1 款的平行性来说明理由:依照该规定的第 1 句,取得人的确无须将其因无权利人的给付而取得的处分标的返还给第三个权利丧失者。但如果像通说所认为的那样,任由权利丧失者对处分人的请求权以处分所得进款(通常为买卖价款,参见边码 397)为内容,那么上述理由就失去了价值:该进款的确是处分人因(取得人的)给付而获得的,且所依据的是有效的建筑工程承包合同;尽管如此,买卖价款还是应当予以返还。因此,因侵犯而发生的不当得利返还请求权的附随性这句话并不轻而易举地适合于未参加给付关系的第三人。

因此,目前颇有支持者且很可能是正确的观点选择了**其他解决问题的出发点**:在《民法典》第816条第1款第1句中,由于请求权只对准处分人而不对准取得人,正直取得人应受到保护;对于他已依照物权法正直地取得的东西,他不应依照不当得利法返还之。在嵌入的情形下,如果建筑材料的所有权是在嵌入前转让给土地所有人的,则情况亦相仿:如果土地所有人是善意的且材料非所丧失的,那么土地所有人就可能依照第932条及以下取得所有权。所以不存在第946条、第951条第1款第1句、第812条第1款第1句第2种情形的适用情形:所嵌入的材料确实已属于E。毋宁说,可予适用的是第816条第1款。据此,由于E是有偿地取得的,他也就不享有因侵犯而发生的不当得利返还请求权;该请求权将只对准供应材料的建筑工程承包人。这一考量被转移到第951条第1款第1句、第812条第1款第1句第2种情形所规定的、一般的、因侵犯而发生的不当得利返还请求权:在嵌入时,E也"依不当得利返还请求权稳固地"取得了,前提是他是善意的且材料非所丧失的。

结果是,因侵犯而发生的不当得利返还请求权的附随性并不简单地发挥效力。毋宁说,在《民法典》第932条及以下、第892条、第816条第1款中表现出来的价值得到了考虑:只要善意取得的要件得以满足,即使有偿取得人在无先前的所有权转让的情况下因嵌入才取得,他也应受到保护。但这相当接近于因侵犯而发生的不当得利返还请求权的附随性;附随性的看法可理解成**"不精确的规则"**(参见梅迪库斯:《民法》,边码727及以下,尤其是边码730)。

载于《联邦普通法院民事裁判集》第55卷第176页的经常被误解的**"荣布伦判决"**是符合上述观点的:善意地取得被盗的牲畜

并将之加工成香肠的人，依《民法典》第 935 条第 1 款因加工（第 950 条）才成为所有人。可见该所有权不是让与人的给付内容；让与人只能转让占有。因此，加工人必须向被盗的旧所有人依照第 950 条、第 951 条第 1 款第 1 句、第 812 条第 1 款第 1 句第 2 种情形、第 818 条第 2 款赔偿价额。这里发生的效果也是：第 935 条第 1 款对被盗者利益的评价高于对承受占有者利益的评价（纵然是善意的亦然）。

术语索引

(数字指本书边码)

法律条文索引

左侧数字为法律条文条序数，右侧数字为边码，斜体表示该条文在文中的主要出处。

译者简介

陈卫佐，清华大学法学院国际私法与比较法研究中心主任、副教授（电子邮件：chenwz@mail. tsinghua. edu. cn）。1967 年 8 月生于广西南宁市，汉族。1990 年获中南政法学院法学学士学位，1997 年获武汉大学法学博士学位，2000 年获德国萨尔大学法学硕士学位，2004 年获德国萨尔大学法学博士学位。2003 年 4 月至今为法国斯特拉斯堡国际比较法学院客座教授；2005 年 4 月至 2010 年 4 月为法国斯特拉斯堡大学客座教授。主要学术成果：《拉丁语法律用语和法律格言词典》、《比较国际私法》、《德国民法总论》、Rück-und Weiterverweisung (Renvoi) in staatsvertraglichen Kollisionsnormen（《国际条约的冲突规范中的反致和转致》，法兰克福，彼得·朗欧洲科学出版社 2004 年德文版）、译注《德国民法典》等。

承担翻译本书"导言：体系问题"之第一章"民法习题"（边码 1 至边码 14）、第二章"请求权体系"（边码 15 至边码 22）、第三章"重要私法制度概要"（边码 23 至边码 44）以及本书第五章"因不当得利而发生的请求权"之第 26 节"不当得利请求权的内容和原因"（边码 363 至边码 375)、第 27 节“因给付而发生的不当得利返还请求权(边码 376 至边码 393)、第 28 节“因侵犯而发生的不当得利返还请求权”(边码 394 至边码 405)。

田士永,1971 年生于河北省深泽县,男,汉族。1990 年 9 月起在中国政法大学学习,1994 年经济法专业本科毕业,获法学学士。1997 年民商法专业硕士研究生毕业,获法学硕士学位。2000 年民商法专业博士研究生毕业,获法学博士学位。2000 年 7 月起在中国政法大学任教,现任中国政法大学副教授。曾公开发表《无权处分中的私人自治原则》等多篇论文、译文、研究综述及书评,公开出版《物权行为理论研究》等专著,主编、参编教科书多部。

承担翻译本书第一章和第二章,第四节至第十六节。

王洪亮,2001 获中国政法大学民商法专业博士学位,2004 获德国弗莱堡大学法学博士学位。2001 ~ 2003 年德国德意志交流中心(DAAD)奖学金获得者,2007 ~ 2008 年德国洪堡总理奖学金获得者。2004 年 12 月起任清华大学副教授。主要研究领域:民法、房地产法。

承担翻译本书的第三部分以及术语索引。

张双根,1992 年 7 月毕业于中国政法大学法律系,获法学学士学位;1995 年 7 月毕业于中国人民大学法学院民商法专业,获法学硕士学位;2003 年 12 月毕业于德国柏林洪堡大学,获法学博士学位。自 2004 年 8 月起,任教于北京大学法学院。主要研究领域:物权法、民法总论、债法总论、合同法、房地产法、商法总论、德国以及欧盟私法。

承担翻译本书的第四部分,侵权法部分。

当代德国法学名著计划书目

法哲学·法律理论·法律史

1. 恩吉施:法律思维导论

   K. Engisch: Einführung in das juristische Denken

2. 哈腾豪尔:德国法的思想史基础

   H. Hattenhauer: Die geistsgeschichtlichen Grundlagen des deutschen Rechts

3. 雅科布斯:规范·人格体·社会——法哲学前思

   G. Jakobs: Norm, Person, Gesellschaft-Vorüberlegungen zu einer Rechtsphilosophie

4. 耶林:为权利而斗争

   R. v. Jhering: Der Kampf ums Recht

5. 考夫曼:后现代法哲学——告别演讲

   A. Kaufmann: Rechtsphilosophie in der Nach-Neuzeit

6. 考夫曼/哈斯默尔:当代法哲学和法律理论导论

   A. Kaufmann/W. Hassemer: Einführung in Rechtsphilosophie und Rechtstheorie der Gegenwart

7. 耶林/贝伦茨:法学是一门科学吗?

   R. v. Jhering/ O. Behrends: Ist die Jurisprudenz eine Wissenschaft? - Jherings Wiener Antrittsvorlesung vom 16. Oktober 1868. Aus dem Nachlaßherausgegeben und mit einer Einführung, Erläuterungen sowie einer wissenschaftsgeschichtlichen Einordnung versehen von Okko Behrends

8. 拉德布鲁赫:社会主义文化论

G. Radbruch: Kulturlehre des Sozialismus

9. 萨维尼:历史法学派的基本思想

F. C. v. Savigny:Grundgedanken der historischen Rechtsschule

10. 齐佩利乌斯:法学方法论

R. Zippelius: Juristische Methodenlehre

11. 韦森贝格/韦森纳:晚近德国私法史

G. Wessenberg/ G. Wesener:Neuere deutsche Privatrechtsgeschichte

12. 菲韦格:论题学与法学——论法学的基础研究

T. Viehweg: Topik und Jurisprudenz-Ein Beitrag zur rechtswissenschaftlichen Grundlagenforschung

13. 拉德布鲁赫:法学导论

G. Radbruch:Einführung in die Rechtswissenschaft

民商法·经济法

14. 鲍尔/施蒂尔纳:德国物权法(上、下册)

F. Baur/R. Stürner: Sachenrecht

15. 卡纳里斯:德国商法

C. W. Canaris: Handelsrecht

16. 弗卢梅:法律行为论

W. Flume: Allgemeiner Teil des Bürgerlichen Rechts, zweiter Band, Das Rechtsgeschäft

17. 卡泽尔/克努特尔:罗马私法

M. Kaser/R. Knütel:Römisches Privatrecht

18. 克茨:欧洲合同法(上卷)

H. Kötz:Europäisches Vertragsrecht

19. 克茨/瓦格纳:侵权法

H. Kötz/ G. Wagner: Deliktsrecht

20. 拉伦茨:德国民法通论

K. Larenz: Allgemeiner Teil des Deutschen Bürgerlichen Rechts

21. 梅迪库斯:德国民法总论
D. Medicus: Allgemeiner Teil des BGB
22. 梅迪库斯:德国债法总论
D. Medicus: Schuldrecht Ⅰ (Allgemeiner Teil)
23. 梅迪库斯:德国债法分论
D. Medicus: Schuldrecht II (Besonderer Teil)
24. 施密德:公司法
K. Schmidt: Gesellschaftsrecht
25. 施瓦布:德国民法导论
D. Schwab: Einführung in das Zivilrecht
26. 齐默尔曼::债法——民法传统的罗马法基础
R. Zimmermann: The Law of Obligations-Roman Foundation of the Civilian Tradition
27. 梅迪库斯:请求权基础
D. Medicus: Grundwissen zum Bürgerlichen Recht-Ein Basisbuch zu den Anspruchsgrundlagen
28. 施瓦布:德国家庭法
D. Schwab: Familienrecht
29. 齐默尔曼:德国新债法——历史和比较的视角
R. Zimmermann: The New German Law of Obligations-Historical and Comparative Perspectives
30. 里特纳:欧洲与德国经济法
F. Rittner: Europäisches und deutsches Wirtschaftsrecht
31. 施瓦布/齐默尔:垄断法与经济
U. Schwalbe/ D. Zimmer: Kartellrecht und Ökonomie: Moderne ökonomische Ansätze in der europäischen und deutschen Zusammenschlusskontrolle

刑法·行政法·国家法·宪法

32. 齐佩利乌斯:德国国家学

    R. Zippelius: Allgemeine Staatslehre

33. 毛雷尔:行政法学总论

    H. Maurer: Allgemeines Verwaltungsrecht

34. 韦塞尔斯:德国刑法总则

    J. Wessels: Strafrecht, Allgemeiner Teil

35. 施莱希/科里奥特:德国联邦宪法法院:地位、程序与裁判

    K. Schlaich/S. Korioth: Das Bundesverfassungsgericht Stellung, Verfahren, Entscheidung

背景系列

36. 雅科布斯:十九世纪德国民法科学与立法

    H. H. Jakobs: Wissenschaft und Gesetzgebung im bürgerlichen Recht nach der Rechtsquellenlehre des 19. Jahrhunderts

37. 克斯勒:马克斯·韦伯的生平、著述及影响

    D. Käsler: Einführung in das Studium Max Webers

38. 考夫曼:古斯塔夫·拉德布鲁赫传——法律思想家、哲学家和社会民主主义者

    A. Kaufmann: Gustav Radbruch-Rechtsdenker, Philosoph, Sozialdemokrat

39. 克莱因海尔/施罗德:九百年来德意志与欧洲法学家

    G. Kleinheyer/ J. Schröder: Deutsche und Europäische Juristen aus neun Jahrhunderten

40. 克尼佩尔:法律与历史——论《德国民法典》的形成与变迁

    R. Knieper: Gesetz und Geschichte: Ein Beitrag zu Bestand und Veränderung des Bürgerlichen Gesetzbuches

图书在版编目(CIP)数据

请求权基础:第8版/(德)梅迪库斯著;陈卫佐等译. --北京:法律出版社,2010.11(2024.4重印)
(当代德国法学名著)
ISBN 978-7-5118-1437-1

Ⅰ.①请… Ⅱ.①梅…②陈… Ⅲ.①民法-研究-德国 Ⅳ.①D951.63

中国版本图书馆CIP数据核字(2010)第212847号

当代德国法学名著	**请求权基础:第8版** QINGQIUQUAN JICHU: DI 8 BAN	(德)梅迪库斯 著 陈卫佐 等译	责任编辑 韩满春 装帧设计 李 瞻

出版发行 法律出版社
编辑统筹 学术·对外出版分社
责任校对 杨锦华
责任印制 胡晓雅 宋万春
经　　销 新华书店

开本 850毫米×1168毫米 1/32
印张 8.5 **字数** 195千
版本 2012年1月第1版
印次 2024年4月第9次印刷
印刷 三河市兴达印务有限公司

地址:北京市丰台区莲花池西里7号(100073)
网址:www.lawpress.com.cn
投稿邮箱:info@lawpress.com.cn
举报盗版邮箱:jbwq@lawpress.com.cn
销售电话:010-83938349
客服电话:010-83938350
咨询电话:010-63939796

书号:ISBN 978-7-5118-1437-1　**定价**:38.00元
凡购买本社图书,如有印装错误,我社负责退换。电话:010-83938349

41. 格林德曼/里森胡贝尔:二十世纪的德国民法学家

S. Grundmann/ K. Riesenhuber: Deutschsprachige Zivilrechtslehrer des 20. Jahrhunderts in Berichten ihrer Schüler 1-Eine Ideengeschichte in Einzeldarstellungen